서강 한국어

THIRD EDITION

WRITING BOOK

1A

머리말

    <서강한국어 Writing Book 1A·1B>는 기존의 서강한국어 Student's Book과 Workbook을 3판으로 개정하면서 처음으로 출간하였습니다. <서강한국어>를 사용하시는 선생님들께서 쓰기 책 출판을 지속적으로 요청하셔서 오랫동안 서강대학교 한국어교육원에서 내부 교재로 사용하던 쓰기 교재를 정리하고 추가 집필하여 출판하였습니다.

    <서강한국어 Writing Book 1A·1B>는 <서강한국어 뉴시리즈 Student's Book 1A·1B>에서 한 과당 1페이지 분량이었던 쓰기 부분을 50차시로 편성하였습니다.

    <서강한국어 개정 3판 1A·1B>는 1급의 정규 과정이 200시간으로 구성된 점을 고려하여 말하기 100시간, 읽고 말하기 25시간, 듣고 말하기 25시간, 쓰기 50시간으로 구성하였습니다.

    <서강한국어 Writing Book 1A·1B>는 학습자가 말하기 상호작용을 하고 난 뒤 쓴다는 점에서 다른 쓰기 교재와 차별성이 있습니다. 이러한 교수 방법은 쓰기 활동을 통해 얻은 결과물도 중요하지만 쓰기 학습 과정에서 학습자 간 상호작용을 중요시하는 서강교수법의 가치관을 바탕으로 하고 있습니다.

    <서강한국어 Writing Book 1A·1B>는 학습자 간 말하기 상호작용을 통해 단어, 문장 등에 대한 발음 교정과 복습이 가능합니다. 교수자의 입장에서는 학생이 대규모인 경우에도 짝 활동이나 그룹 활동으로 수업을 진행하여 학생 전체를 모니터링하기 쉬우며 학습자 간 교정으로 학습자 간 수준 편차가 줄어들어 효율적으로 피드백을 할 수 있습니다.

    <서강한국어 Writing Book 1A·1B>에서는 동료 학습자들이나 교수자와 함께 연습하는 상황을 주로 고려하되 자가 학습자를 위한 여러 편의성도 마련하였습니다.

    <서강한국어 Writing Book 1A·1B>는 학습자와 교수자의 편의성을 위해 다음과 같이 구성하였습니다.

1. 사진과 그림 같은 시각적 정보가 필수적인 초급 학습자에 맞춰 컬러로 출간하였습니다.
2. 기존 쓰기 책의 텍스트 유형과 활동을 분석하여 다양한 텍스트와 활동으로 구성하였습니다.
3. 교재 하단에 <서강한국어 Student's Book 1A·1B>에서 제시되지 않은 추가 확장 단어 및 영문 번역을 제공하였습니다.
4. 교실에서 짝 활동으로 수행하는 받아쓰기 활동을 자가 학습도 가능하도록 QR코드로 연계하여 MP3를 수록하였습니다.
5. 정답을 부록에 수록하였습니다. 정해진 정답뿐만 아니라 다양한 정답이 나올 수 있는 경우에는 예시 문장이나 예시 글을 수록하였습니다.

    이 책이 한국어 학습자들에게는 쓰기를 좀 더 재미있게 배우도록 하고 한국어 교수자에게는 효율적으로 피드백을 할 수 있는 유용한 교재가 되기를 바랍니다.

2024년 8월
서강대학교 한국어교육원 1급 연구개발진 일동

Introduction

Sogang Korean Writing Book 1A & 1B is being published for the first time alongside the revised third edition of the Sogang Korean Student's Book and Workbook 1A & 1B. Given continued requests for a writing textbook from teachers using Sogang Korean, we collected and augmented unpublished materials previously used by teachers at the Sogang University Korean Language Education Center for this book.

Sogang Korean Writing Book 1A & 1B organizes the page of writing exercises that previously appeared in each unit of the Student's Book from the second edition (new series) of Sogang Korean into fifty periods of study.

The regular level-one curriculum for the revised third edition of Sogang Korean is supposed to cover 200 hours, which includes 100 hours for speaking, 25 hours for reading and speaking, 25 hours for listening and speaking, and 50 hours for writing.

What sets *Sogang Korean Writing Book 1A & 1B* apart from other writing textbooks is that learners are asked to write about topics they have already covered in speaking exercises. Setting aside the importance of the writing exercises themselves, this teaching method is grounded in the Sogang pedagogy, which prioritizes learner interaction in the study of writing.

In *Sogang Korean Writing Book 1A & 1B*, learners are able to correct and review their pronunciation of words and sentences through interactive speaking activities with other learners. From the teacher's perspective, this makes it easier to lead pair or group activities and monitor students even in large classes, while peer correction narrows the gap between learners and enables the teacher to provide more efficient feedback.

Sogang Korean Writing Book 1A & 1B generally presumes that learners are practicing with peers or a teacher, but also offers several options for self-guided learners.

This book's advantages for teachers and learners include the following.

1. The book is printed in color for the benefit of beginning students who need visual aids such as photographs and illustrations.

2. The book consists of various texts and activities that were developed with reference to texts and activities used in other writing textbooks.

3. Additional words that do not appear in Sogang Korean Student's Book 1A & 1B are provided at the bottom of the page along with an English translation.

4. MP3 recordings can be played with a QR code, allowing dictation exercises normally done in pairs in the classroom to also be done by solitary learners.

5. An answer key is provided in the appendix. Along with multiple choice answers, example sentences and paragraphs are provided for questions that allow various possible answers.

We hope this will be a useful book for both Korean learners and teachers, adding a dash of joy to the study of writing and making classroom feedback more.

August 2024
Level one curriculum development team
Sogang University Korean Language Education Center

내용 구성표 Table of Contents

과 UNIT	학습 목표 LEARNING GOALS	학습 단어 VOCABULARY COVERED
한글 1 Hangeul 1	아 어 오 우 으 이 ㅁ ㄴ ㄹ ㅇ	이, 오, 아이, 오이 이마, 나무, 오리
한글 2 Hangeul 2	야 여 요 유 의 ㄱ ㄷ ㅂ ㅅ ㅈ 받침① ㅁ ㄴ ㄹ ㅇ	우유, 여우, 요리 구, 다리, 바다, 사, 모자 밤, 반, 발, 방
한글 3 Hangeul 3	애 에 왜 웨 외 ㅋ ㅌ ㅍ ㅊ ㅎ 받침② ㄱ ㅂ ㄷ ㅅ ㅈ	배, 가게, 돼지, 웨딩드레스, 왼손 카드, 사탕, 팔, 칠, 공항 책, 집, 곧, 옷, 낮
한글 4 Hangeul 4	얘 예 와 워 위 ㄲ ㄸ ㅃ ㅆ ㅉ 받침③ ㅋ ㅍ ㅌ ㅊ ㅎ	얘기, 시계, 화장실, 더워요, 가위 까만색, 딸기, 바빠요, 싸요, 날짜 키읔, 잎, 솥, 꽃, 히읗

과 UNIT	제목 TITLE	기능 FUNCTION	말하기 SPEAKING	
			문법 GRAMMAR	어휘 VOCABULARY
준비 1 Preparatory Unit 1	반갑습니다 It's Nice to Meet You	인사하기 자기소개하기 Greetings, personal statement	명이에요/예요	국적 직업 Countries and jobs
준비 2 Preparatory Unit 2	한국어 책이에요 It's a Korean Language Book	물건 이름 묻고 답하기 Asking what things are called	이게/저게	사물 Items
준비 3 Preparatory Unit 3	핸드폰 있어요? Do You Have a Cell Phone?	정보 요청하기 Asking for information	명 있어요/없어요	숫자① Numbers①
준비 4 Preparatory Unit 4	커피 주세요 I'd Like Some Coffee	주문하기 Asking questions	명 주세요	숫자② Numbers②

쓰기
WRITING

과제
TASK

획순대로 글자 쓰기
Write characters in the proper stroke order

듣고 글자 또는 단어 완성하기
Listen closely to complete the character or word

받아쓰기 AB
Dictation AB

퀴즈
Quiz

쓰기
WRITING

과제 TASK	복습 REVIEW
자기소개 쓰기 Write a personal statement	
물건 이름 쓰기 Write what things are called	**준비 복습** Preparatory units: Review
친구 생일 쓰기 Write a classmate's birthday	
물건 가격 쓰기 Write how much things cost	

내용 구성표 Table of Contents

쓰기 WRITING		
과제1 TASK1	과제2 TASK2	복습 REVIEW
장소와 위치 쓰기 Write places and locations	장소 소개하는 글 쓰기 Write a description of a place	1~2과 복습 Units 1~2: Review
시간과 행동 쓰기 Write times and activities	하루 스케줄 쓰기 Write your daily schedule	
일주일 스케줄 쓰기 Write your weekly schedule	주말 이야기 쓰기 Write about the weekend	3~4과 복습 Units 3~4: Review
과거 쓰기 Write about the past	지난 주말 이야기 쓰기 Write about last weekend	
교통수단 쓰기 Write means of transport	가고 싶은 여행지 쓰기 Write a description of a tourist destination you want to visit	5~6과 복습 Units 5~6: Review
미래 쓰기 Write about the future	이번 주말 계획 쓰기 Write about your plans for this weekend	
복습 Review		

일러두기 How to Use This Book

1일차 수업
Day One of Class

1일차는 배운 어휘와 문법을 이용하여 문장을 정확하게 쓰는 연습을 합니다.

On day one, learners practice using the vocabulary and grammar learned in class to write correct sentences.

학습 목표 문법
Target Grammar

학습 목표 문법을 제시합니다.

This presents the target grammar.

짝 활동 Pair Activities

목표 어휘나 문법을 그림을 보고 함께 이야기한 뒤 씁니다.

Discuss the pictures and then do writing exercises involving the target vocabulary and grammar.

쓰기 과제 Writing Tasks

해당 쓰기 과제를 제시합니다.

This presents the writing tasks.

단어 힌트 Word Hints

그림을 보고 관련 단어가 생각나지 않을 때 아래쪽의 단어를 참고할 수 있습니다.

Learners who struggle to recall the word for the picture can refer to the words at the bottom.

새 단어 New Vocabulary

Student's Book에서 아직 배우지 않은 새 단어가 나오는 경우 영어 번역을 함께 실었습니다.

Words not yet covered in the Student's Book appear here along with an English translation.

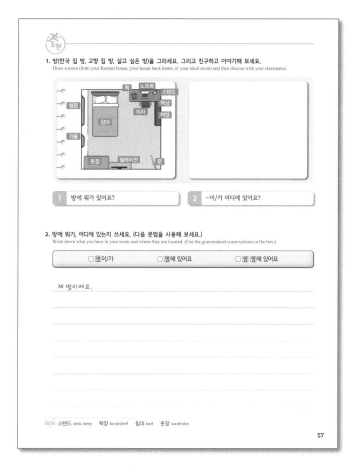

1. 방(한국 집 방, 고향 집 방, 살고 싶은 방)을 그리세요. 그리고 친구하고 이야기해 보세요.
Draw a room (from your Korean house, your house back home, or your ideal room) and then discuss with your classmates.

1 방에 뭐가 있어요?

2 …이/가 어디에 있어요?

2. 방에 뭐가, 어디에 있는지 쓰세요. (다음 문법을 사용해 보세요.)
Write down what you have in your room and where they are located. (Use the grammatical constructions in the box.)

| ☐ 몡이/가 | ☐ 몡에 있어요 | ☐ 몡 몡에 있어요 |

제 방이에요.

NEW 스탠드 desk lamp   책장 bookshelf   침대 bed   옷장 wardrobe

57

도전 Writing Challenge

더 도전적인 학습자를 위한 추가 쓰기 활동을 제시하였습니다.

An extra writing activity is provided for learners who relish a challenge.

2일차는 전날 배운 어휘와 문법을 활용하여 하나의 글을 쓰는 연습을 합니다.
On day two, learners do a writing exercise with the vocabulary and grammar learned the previous day.

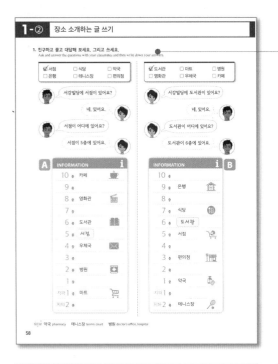

정보차 활동 Information Gap Activity

짝과 함께 정보차 활동을 하면서 말하기, 듣기, 쓰기 연습을 동시에 할 수 있습니다.

Learners can simultaneously practice speaking, listening, and writing while doing information gap activities.

실제적 쓰기 과제 제시
Realistic Writing Tasks

학습자의 실제 생활과 관련된 과제를 제시하여 학습 동기를 부여하고 실제성을 높입니다.

Learners are given real-life tasks to provide motivation and make learning come alive.

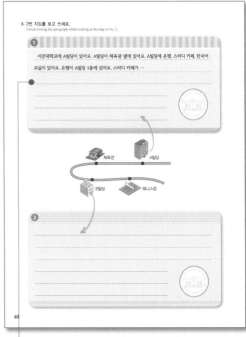

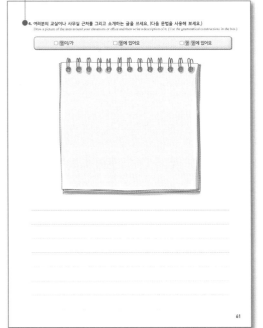

쓰기 샘플과 관련 정보 제시
Writing Sample and Related Information

예문과 관련 정보를 제공함으로써 쓰기 활동을 도와줍니다.

A writing sample and related information are provided to help learners with the writing activity.

복습
Review

조사 연습
Practice Particles

목표 어휘로 문장 만들기
Write Sentences with Target Vocabulary

대화 완성하기
Complete Dialogues

인터뷰 연습
Practice Interview

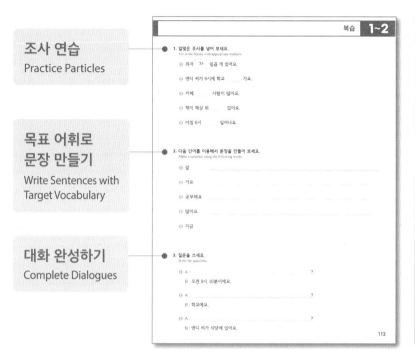

확장 대화를 만들기
Create an Extended Dialogue

틀린 단어나 문장을 다시 쓰기
Rewrite Incorrect Words and Sentences

추가 쓰기 과제
Extra Writing Assignment

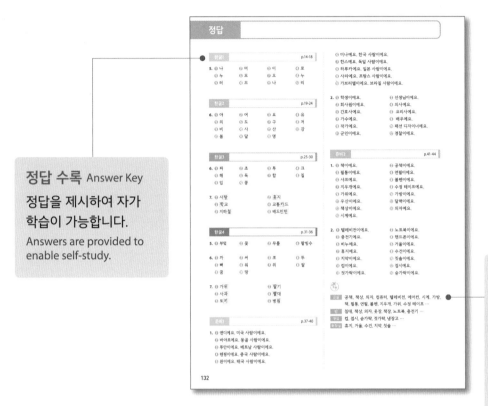

정답 수록 Answer Key

정답을 제시하여 자가
학습이 가능합니다.

Answers are provided to
enable self-study.

다양한 대답이 가능한 경우
Questions with Multiple Possible
Answers

예시 단어나 문장을
수록하였습니다.

Sample words or sentences are
provided for questions of this
sort.

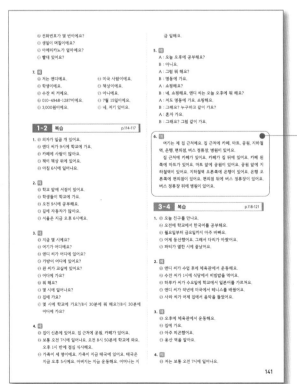

모범 글 제공
Model Passage

모범 글을 통해 학생들이
글을 쓸 때 도움을 받을 수
있습니다.

The model passage can help
learners with their writing.

목차 Contents

1. 읽어 보세요.
Practice reading.

오	오이	너
이마	나이	어머니
우리	머리	미리
나라	이모	나무
오로라	우리나라	어느 나라

2. 쓰세요.

Practice writing.

아	아	아				
어	어	어				
오	오	오				
우	우	우				
으	으	으				
이	이	이				

3. 쓰세요.

Practice writing.

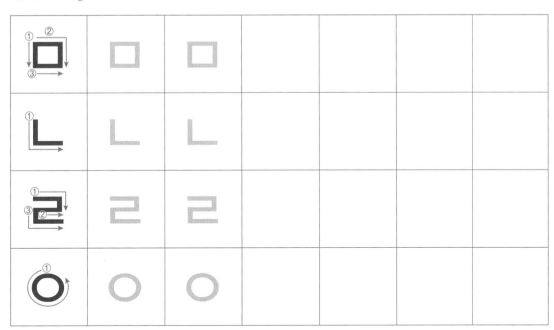

ㅁ	ㅁ	ㅁ				
ㄴ	ㄴ	ㄴ				
ㄹ	ㄹ	ㄹ				
ㅇ	ㅇ	ㅇ				

4. 쓰세요.
Practice writing.

모음 / 자음	ㅏ	ㅓ	ㅗ	ㅜ	ㅡ	ㅣ
ㅁ				무		
ㄴ		너				
ㄹ	라					
ㅇ					으	

5. 잘 듣고 글자를 완성하세요.
Listen and complete the syllable.

❶

❷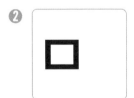

❸

❹

❺

❻

❼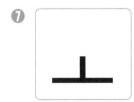

❽

❾

❿

⓫

⓬

16

6. B가 읽은 것을 받아 쓰세요.
Write down what your partner 'B' has read.

A

① 이

② 어

③ 나

④ 오 리

⑤ 머 리

⑥ 나 라

⑦ 이 모

⑧ 나 무

⑨ 어 머 니

⑩ 우 리 나 라

B

① 오

②

③

④

⑤

⑥

⑦

⑧

⑨

⑩

6. A가 읽은 것을 받아 쓰세요.
Write down what your partner 'B' has read.

B

① 오

② 아

③ 너

④ 우 리

⑤ 미 리

⑥ 나 이

⑦ 이 마

⑧ 너 무

⑨ 오 로 라

⑩ 어 느 나 라

A

① 이

②

③

④

⑤

⑥

⑦

⑧

⑨

⑩

1. 읽어 보세요.
Practice reading.

①

②

우유	요리	라디오
바나나	아버지	의자
이름	서울	수영장
안경	돈	종이
공	고양이	불고기
여기	여름	강아지
동	소리	사람
구름	의사	강

2. 쓰세요.
Practice writing.

야	야	야				
여	여	여				
요	요	요				
유	유	유				
의	의	의				

쓰기

ㄱㄷㅂㅅㅈ

3. 쓰세요.
Practice writing.

ㄱ	ㄱ	ㄱ				
ㄷ	ㄷ	ㄷ				
ㅂ	ㅂ	ㅂ				
ㅅ	ㅅ	ㅅ				
ㅈ	ㅈ	ㅈ				

4. 쓰세요.
Practice writing.

모음 / 자음	ㅏ	ㅓ	ㅗ	ㅜ	ㅡ	ㅣ
ㄱ		거			그	
ㄷ			도			
ㅂ						비
ㅅ						
ㅈ			조			

5. 쓰세요.
Practice writing.

받침	가	더	보	수	그	지
ㅁ	감					
ㄴ					근	
ㄹ			볼			
ㅇ						징

6. 잘 듣고 글자를 완성하세요.
   Listen carefully and complete the characters.

❶ 야

❷ ㅇ

❸ ㅇ

❹ ㅇ

❺ ㅇ

❻ ㄷ

❼ ㄱ

❽ ㅈ

❾ ㅂ

❿ ㅅ

⓫ 사

⓬ 가

⓭ 보

⓮ 다

⓯ 며

7. B가 읽은 것을 받아 쓰세요.
Write down what B reads.

A

① 강

② 동

③ 소 리

④ 사 람

⑤ 고 기

⑥ 이 름

⑦ 요 리

⑧ 의 자

⑨ 수 영 장

⑩ 고 양 이

B

① 공

②

③

④

⑤

⑥

⑦

⑧

⑨

⑩

7. A가 읽은 것을 받아 쓰세요.
Write down what A reads.

B			A		
❶ 공			❶ 강		
❷ 돈			❷		
❸ 다	리		❸		
❹ 사	랑		❹		
❺ 여	기		❺		
❻ 여	름		❻		
❼ 유	리		❼		
❽ 의	사		❽		
❾ 불	고	기	❾		
❿ 강	아	지	❿		

1. 읽어 보세요.
Practice reading.

지우개	카메라	팔
커피	왼손	토마토
접시	집	택시
김밥	교통카드	하늘
수박	충전기	핸드폰
비행기	공항	볼펜
허리	아프리카	복숭아
초콜릿	학교	칠판

2. 쓰세요.
Practice writing.

애	애	애				
에	에	에				
왜	왜	왜				
웨	웨	웨				
외	외	외				

3. 쓰세요.
Practice writing.

ㅋ	ㅋ	ㅋ				
ㅌ	ㅌ	ㅌ				
ㅍ	ㅍ	ㅍ				
ㅊ	ㅊ	ㅊ				
ㅎ	ㅎ	ㅎ				

4. 쓰세요.
Practice writing.

자음＼모음	ㅏ	ㅓ	ㅗ	ㅜ	ㅡ	ㅣ
ㅋ			코			
ㅌ						
ㅍ						피
ㅊ	처					
ㅎ					흐	

5. 쓰세요.
Practice writing.

받침＼	가	너	도	무	비
ㄱ	각				
ㅂ		넙			
ㄷ			돋		
ㅅ				뭇	
ㅈ					빚

6. 잘 듣고 글자를 완성하세요.
Listen carefully and complete the characters.

① 파 ② ㅗ ③ ㅜ ④ ㅡ ⑤ ㅐ

⑥ 도 ⑦ 하 ⑧ 치 ⑨ 이 ⑩ 코

7. 잘 듣고 단어를 완성하세요.
Listen carefully and complete the words.

①  사

②  ☐ 지

③  ☐ 교

④  교통 ☐ 드

⑤  지하 ☐

⑥  배드민 ☐

28

8. B가 읽은 것을 받아 쓰세요.
Write down what B reads.

A	B
① 코	① 파
② 컵	②
③ 허 리	③
④ 학 교	④
⑤ 사 탕	⑤
⑥ 칠 판	⑥
⑦ 김 밥	⑦
⑧ 스 티 커	⑧
⑨ 복 숭 아	⑨
⑩ 교 통 카 드	⑩

8. A가 읽은 것을 받아 쓰세요.
Write down what A reads.

B	A
❶ 파	❶ 코
❷ 집	❷
❸ 하 늘	❸
❹ 수 박	❹
❺ 공 항	❺
❻ 연 필	❻
❼ 접 시	❼
❽ 토 마 토	❽
❾ 충 전 기	❾
❿ 아 프 리 카	❿

30

1. 읽어 보세요.
Practice reading.

❶ 얘기 　얘기 　❷ 화장실

얘기	화장실	계단
샤워	병원	땀
딸기	예뻐요	왼쪽
뚜껑	부엌	무릎
팥빙수	짜요	바위
오빠	추워요	써요
더워요	사과	바꿔요
꽃	쉬워요	찜질방

2. 쓰세요.
Practice writing.

애	애	애			
예	예	예			
와	와	와			
워	워	워			
위	위	위			

3. 쓰세요.
Practice writing.

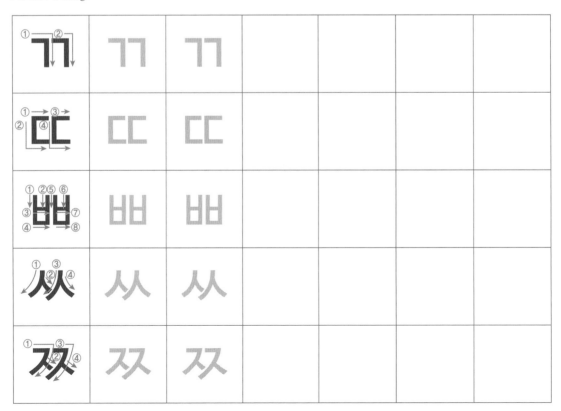

ㄲ	ㄲ	ㄲ			
ㄸ	ㄸ	ㄸ			
ㅃ	ㅃ	ㅃ			
ㅆ	ㅆ	ㅆ			
ㅉ	ㅉ	ㅉ			

4. 쓰세요.

Practice writing.

모음 \ 자음	① ‖② ↓	① ┤② ↓	① ⊥ ② →	① → ┬ ② ↓	① — —	① │ ↓
① ㄲ ②	까			꾸		
① → ③ → ② ㄸ ④ →					뜨	
①②⑤⑥ ㅃ ③ ⑦ ④ → ⑧	뻐					
① ③ ㅆ ④						씨
① ③ ㅉ ④			쪼			

5. 같은 색 받침을 찾아 단어를 완성하세요.

Complete the word by drawing a line to the appropriate "batchim" of the same color.

6. 잘 듣고 글자를 완성하세요.
Listen carefully and complete the characters.

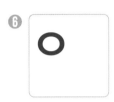    

7. 잘 듣고 단어를 완성하세요.
Listen carefully and complete the words.

❶  가 ☐

❷ ☐ 기

❸ 사 ☐

❹ ☐ 대

❺ 토 ☐

❻ 병 ☐

8. B가 읽은 것을 받아 쓰세요.
Write down what B reads.

A		B
❶ 땀		❶ 빵
❷ 꿀		❷
❸ 날 짜		❸
❹ 빨 대		❹
❺ 사 과		❺
❻ 가 위		❻
❼ 오 빠		❼
❽ 싸 요		❽
❾ 추 워 요		❾
❿ 쉬 워 요		❿

8. A가 읽은 것을 받아 쓰세요.
Write down what A reads.

B	A
❶ 빵	❶ 땀
❷ 쌀	❷
❸ 짜 요	❸
❹ 딸 기	❹
❺ 과 자	❺
❻ 바 위	❻
❼ 아 빠	❼
❽ 써 요	❽
❾ 더 워 요	❾
❿ 바 꿔 요	❿

1. 친구하고 이야기해 보세요. 그리고 쓰세요.
Practice speaking with your classmates and then write down the answers.

 이름이 뭐예요?

어느 나라 사람이에요?

Ⓐ Ⓑ

 앤디예요.

미국 사람이에요.

앤디 / 미국

❶
앤디예요.

미국 사람이에요.

바야르 / 몽골

❷ _____

_____

투안 / 베트남

❸ _____

_____

렌핑 / 중국

❹ _____

_____

완 / 태국

❺ _____

_____

미나 / 한국

❻ _____

_____

한스 / 독일

❼ _____

_____

하루카 / 일본

❽ _____

_____

사라 / 프랑스

❾ _____

_____

가브리엘 / 브라질

❿ _____

_____

친구 1

⓫ _____

_____

친구 2

⓬ _____

_____

☐ 독일	☐ 몽골	☑ 미국	☐ 베트남	☐ 브라질
☐ 일본	☐ 중국	☐ 태국	☐ 프랑스	☐ 한국

2. 친구하고 이야기해 보세요. 그리고 쓰세요.
Practice speaking with your classmates and then write down the answers.

무슨 일을 하세요?   학생이에요.

❶ 학생이에요.

❷ _____

❸ _____

❹ _____

❺ _____

❻ _____

❼ _____

❽ _____

❾ _____

❿ _____

⓫ _____

⓬ _____

☐ 가수　　　　☐ 간호사　　　　☐ 경찰　　　　☐ 군인
☐ 배우　　　　☐ 선생님　　　　☐ 요리사　　　　☐ 의사
☐ 작가　　　　☐ 패션 디자이너　　☑ 학생　　　　☐ 회사원

3. 친구하고 이야기해 보세요. 그리고 쓰세요.
Practice speaking with your classmates and then write down the answers.

1	이름이 뭐예요?

2	어느 나라 사람이에요?

3	무슨 일을 하세요?

4	뭐 좋아해요? 뭐 싫어해요?

이름	나라	직업	좋아해요	싫어해요
앤디	미국	학생	운동	시험

NEW ✦ 단어를 더 배워 볼까요?
Let's learn a few more words.

일본어 선생님

가이드

프로그래머

NEW 싫어해요 dislike

1. 가브리엘 씨가 쓴 자기소개 글이에요. 글을 읽으세요.
This is a personal introduction that Gabriel wrote about himself. Read it through.

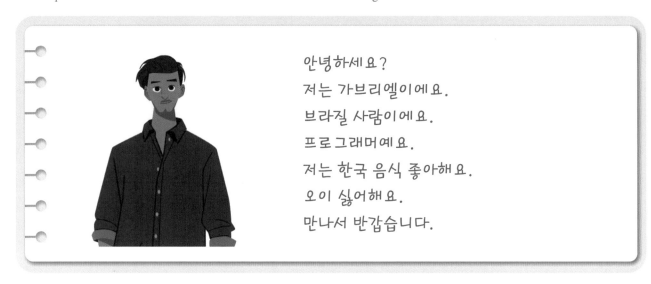

안녕하세요?
저는 가브리엘이에요.
브라질 사람이에요.
프로그래머예요.
저는 한국 음식 좋아해요.
오이 싫어해요.
만나서 반갑습니다.

2. 1번처럼 여러분도 자기소개 글을 써 보세요.
Write a personal introduction about yourself modeled on the one in No. 1.

3. 친구들이 쓴 자기소개 글을 읽어 보세요.
Practice reading the personal introduction written by your classmates.

NEW 오이 cucumber

1. 친구하고 이야기해 보세요. 그리고 쓰세요.
Practice speaking with your classmates and then write down the answers.

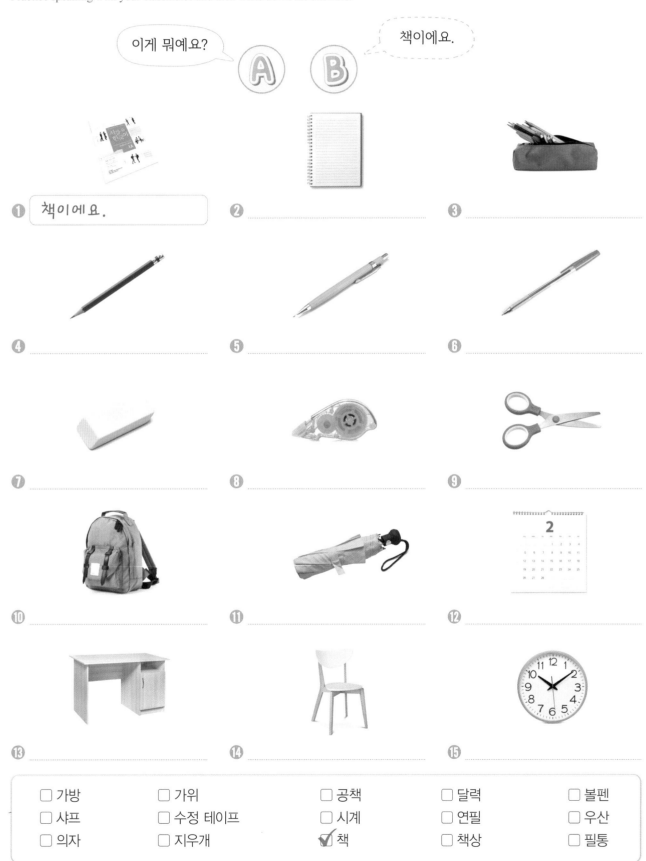

A 이게 뭐예요?

B 책이에요.

① 책이에요.

②

③

④

⑤

⑥

⑦

⑧

⑨

⑩

⑪

⑫

⑬

⑭

⑮

☐ 가방	☐ 가위	☐ 공책	☐ 달력	☐ 볼펜
☐ 샤프	☐ 수정 테이프	☐ 시계	☐ 연필	☐ 우산
☐ 의자	☐ 지우개	☑ 책	☐ 책상	☐ 필통

2. 친구하고 묻고 대답해 보세요. 그리고 쓰세요.

Ask and answer the questions with your classmates and then write down your answers.

A

텔레비전이에요.

이게 (❷) 뭐예요?

❶ 텔레비전이에요.

❷ [_____]

❸ 충전기예요.

❹ [_____]

❺ 비누예요.

❻ [_____]

❼ 휴지예요.

❽ [_____]

❾ 치약이에요.

❿ [_____]

⓫ 컵이에요.

⓬ [_____]

☐ 거울   ☐ 노트북
☐ 비누   ☐ 수건
☐ 숟가락   ☐ 접시
☐ 젓가락   ☐ 충전기
☐ 치약   ☐ 칫솔
☐ 컵   ☐ 텔레비전
☐ 핸드폰   ☐ 휴지

⓭ 젓가락이에요.

⓮ [_____]

2. 친구하고 묻고 대답해 보세요. 그리고 쓰세요.

Ask and answer the questions with your classmates and then write down your answers.

이게 (❶) 뭐예요?

노트북이에요.

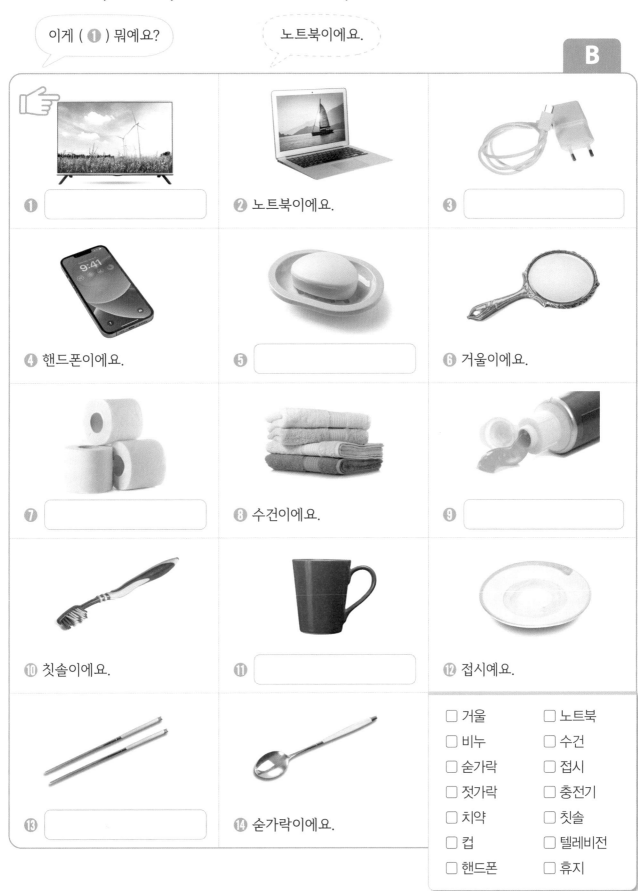

❶

❷ 노트북이에요.

❸

❹ 핸드폰이에요.

❺

❻ 거울이에요.

❼

❽ 수건이에요.

❾

❿ 칫솔이에요.

⑪

⑫ 접시예요.

⑬

⑭ 숟가락이에요.

☐ 거울   ☐ 노트북
☐ 비누   ☐ 수건
☐ 숟가락   ☐ 접시
☐ 젓가락   ☐ 충전기
☐ 치약   ☐ 칫솔
☐ 컵   ☐ 텔레비전
☐ 핸드폰   ☐ 휴지

1. 장소별 물건들의 이름을 써 보세요.
Write the names of items in each location.

교실
책

방
침대

부엌
컵

화장실
휴지

2. 새로 알게 된 단어들을 써 보세요.
Write down any new words you learned.

1. 친구하고 말해 보세요. 그리고 쓰세요.

Practice speaking with your classmates and then write down the answers.

컴퓨터   안경   텔레비전   여권

❶ 컴퓨터 있어요.   ❷ _____   ❸ _____   ❹ _____

노트북   선글라스   에어컨   교통카드

❺ 노트북 없어요.   ❻ _____   ❼ _____   ❽ _____

2. 친구하고 묻고 대답해 보세요. 그리고 자신의 대답을 쓰세요.

Ask and answer the questions with your classmates and then write down your answers

우산 있어요?

아니요, 없어요.

네, 있어요.

우산 있어요?

A		
우산 X	거울 ○	지우개 ○
충전기 X	교통카드 ○	

B		
우산 ○	거울 X	지우개 X
충전기 ○	교통카드 X	

❶ 우산 없어요.

❷ _____

❸ _____

❹ _____

❺ _____

❻ 우산 있어요.

❼ _____

❽ _____

❾ _____

❿ _____

3. 읽으세요. 그리고 쓰세요.

Read the numbers and then write them in Korean.

1 일	**2**	**3**	**4**	**5**
6	**7**	**8**	**9** 구	**10**
11	**12**	**13** 십삼	**14**	**15**
16 십육	**17**	**18**	**19**	**20**
30	**40** 사십	**50**	**60**	**70**
80	**90**	**100**	**200**	**300** 삼백

4. 친구하고 이야기해 보세요. 그리고 쓰세요.

Practice speaking with your classmates and then write down the answers.

전화번호가 몇 번이에요? Ⓐ

Ⓑ 일오팔팔에 이공공일이에요.

❶ 1588-2001   일오팔팔에 이공공일이에요.

❷ 02-705-8088 _____

❸ 033-738-3000 _____

❹ 010-4948-1287   공일공에 _____

❺ 010-2717-3843   공일공에 _____

❻ 010-9649-1504 _____

5. 읽으세요. 그리고 쓰세요.

Read the months and then write them in Korean.

1월	2월	3월	4월	5월	6월✪
일월					
7월	8월	9월	10월✪	11월	12월

6. 친구하고 묻고 대답해 보세요. 그리고 쓰세요.

Ask and answer the questions with your classmates and then write down your answers.

 오늘(❶)이 며칠이에요?

 오늘(❷)이 며칠이에요?

4월 30일이에요.

6월 1일이에요.

A

❶ _____ 월 _____ 일

❷ 6월 1일

❸ _____ 월 _____ 일

❹ 11월 12일

❺ _____ 월 _____ 일

❻ 5월 3일

❼ _____ 월 _____ 일

❽ 1월 21일

❾ _____ 월 _____ 일

❿ 3월 14일

B

❶ 4월 30일

❷ _____ 월 _____ 일

❸ 12월 10일

❹ _____ 월 _____ 일

❺ 10월 8일

❻ _____ 월 _____ 일

❼ 7월 31일

❽ _____ 월 _____ 일

❾ 8월 16일

❿ _____ 월 _____ 일

1. 반 친구들과 함께 친구의 생일을 한 명씩 물어보세요. 그리고 쓰세요.
Ask each of your classmates about their birthday and write it down.

렌핑 씨, 생일이 며칠이에요?

7월 15일이에요.

이름	생일(숫자)	생일(한글)
렌핑	7월 15일	칠월 십오일

1. 친구하고 이야기해 보세요. 그리고 쓰세요.

Practice speaking with your classmates and then write down the answers.

① 커피　② ⑤

⑥ 된장찌개　⑦ ⑧ ⑨ ⑩

☐ 녹차　☐ 레몬차　☐ 물　☐ 오렌지 주스　☑ 커피
☐ 김치찌개　☐ 냉면　☑ 된장찌개　☐ 비빔밥　☐ 삼계탕

2. 읽으세요. 그리고 쓰세요.

Read the numbers and then write them in Korean.

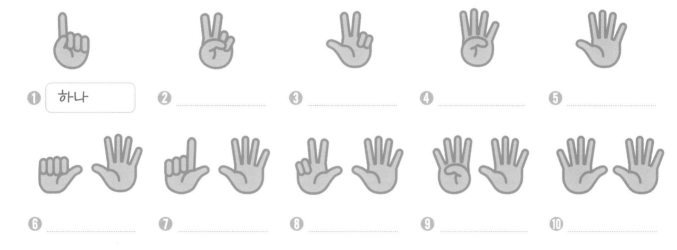

① 하나　② ③ ④ ⑤

⑥ ⑦ ⑧ ⑨ ⑩

3. 읽으세요. 그리고 쓰세요.

Read the numbers and then write them in the appropriate form with the counter '개'.

하나 → 한 개　　둘 → 　　셋 → 　　넷 → 　　다섯 →

4. 읽으세요.

Read the phrases.

가방 한 개   친구 한 명   책 한 권   종이 한 장

5. 친구하고 이야기해 보세요. 그리고 대화를 쓰세요.

Discuss with your classmates and then write down your conversation.

❶

A : 가방 있어요?

B : 네, 있어요.

A : 몇 개 있어요?

B : 한 개 있어요.

❷

A : 친구 있어요?

B :

A :

B :

❸

A :

B :

A :

B :

❹

A :

B :

A :

B :

50

6. 읽으세요. 그리고 쓰세요.

Read the won value of the coin or bill and write it in Korean.

❶ 십 원　　❷ _____　　❸ _____　　❹ _____

❺ _____　　❻ _____　　❼ _____　　❽ _____

7. 친구하고 이야기해 보세요. 그리고 쓰세요.

Practice speaking with your classmates and then write down the answers.

Ⓐ 라면 주세요. 얼마예요?　　　Ⓑ 사천오백 원이에요.

라면 ₩4,500

우유 ₩5,700

맥주 ₩2,400

❶ 사천 오백 원이에요.　　❷ _____　　❸ _____

사과 ₩17,000

바나나 ₩6,300

포도 ₩7,800

❹ _____　　❺ _____　　❻ _____

칫솔 ₩6,450

치약 ₩4,900

휴지 ₩15,260

❼ _____　　❽ _____　　❾ _____

1. 친구하고 묻고 대답해 보세요. 그리고 쓰세요.
Ask and answer the questions with your classmates and then write down the answers.

 콜라 주세요. 얼마예요?

2,800원이에요.

아메리카노 주세요. 얼마예요?

 3,000원이에요.

A

 ❶ 콜라 ₩ ....

 ❷ 아메리카노 ₩ 3,000

 ❸ 카페라테 ₩ ....

 ❹ 김밥 ₩ 4,000

 ❺ 떡볶이 ₩ ....

 ❻ 핫도그 ₩ 3,500

 ❼ 된장찌개 ₩ ....

 ❽ 비빔밥 ₩ 10,000

 ❾ 냉면 ₩ ....

❿ 삼계탕 ₩ 15,000

B

❶ 콜라 ₩ 2,800

❷ 아메리카노 ₩ ....

❸ 카페라테 ₩ 4,300

❹ 김밥 ₩ ....

❺ 떡볶이 ₩ 5,000

❻ 핫도그 ₩ ....

❼ 된장찌개 ₩ 9,000

❽ 비빔밥 ₩ ....

❾ 냉면 ₩ 12,000

❿ 삼계탕 ₩ ....

1. 친구하고 이야기해 보세요. 그리고 쓰세요.
Practice speaking with your classmates and then write down the answers.

여기가 어디예요?   학교예요.

① 학교예요.

②

③

④

⑤

⑥

⑦

⑧

⑨

⑩

⑪

⑫

- ☐ 교실
- ☐ 대사관
- ☐ 도서관
- ☐ 서점
- ☐ 식당
- ☐ 영화관
- ☐ 우체국
- ☐ 은행
- ☐ 카페
- ☐ 편의점
- ☑ 학교
- ☐ 회사

2. 친구하고 이야기해 보세요. 그리고 쓰세요.

Practice speaking with your classmates and then write down the answers.

앤디 씨가 어디에 있어요?

Ⓐ Ⓑ

앤디 씨가 서강대학교에 있어요.

① 앤디 씨가 서강대학교에 있어요.

② 하루카 씨가

③ 렌핑 씨가

④ 한스 씨가

⑤ 수잔 씨가

⑥ 사라 씨가

⑦ 완 씨가

⑧ 가브리엘 씨가

☑ 서강대학교 ☐ 마트 ☐ 서점 ☐ 식당
☐ 은행 ☐ 지하철역 ☐ 카페 ☐ 편의점

NEW 마트 supermarket 지하철역 subway station

3. 친구하고 이야기해 보세요. 그리고 쓰세요.
Practice speaking with your classmates and then write down the answers.

노트북이 어디에 있어요? **A** **B** 노트북이 책상 위에 있어요.

① 노트북이 책상 위에 있어요. ② _____

③ _____ ④ _____ 앤디 미나

⑤ _____ ⑥ _____

⑦ _____ ⑧ _____ 노트북

⑨ _____ 교실 ⑩ _____

| ☐ 뒤 | ☐ 밖 | ☐ 아래 | ☐ 안 | ☐ 앞 |
| ☐ 옆 | ☐ 오른쪽 | ☐ 왼쪽 | ☑ 위 | ☐ A하고 B 사이 |

NEW 포크 fork　　A하고 B 사이 between A and B

4. 친구하고 이야기해 보세요. 그리고 쓰세요.
Practice speaking with your classmates and then write down the answers.

A 방에 뭐가 있어요?

B 가방이 있어요.

☑ 가방
☐ 노트북
☐ 리모컨
☐ 에어컨
☐ 책
☐ 충전기
☐ 컵
☐ 핸드폰

에어컨

충전기

A 가방이 어디에 있어요?

B 가방이 의자 위에 있어요.

❶ 가방이 의자 위에 있어요.

❷ _____

❸ _____

❹ _____

❺ _____

❻ _____

❼ _____

❽ _____

NEW 리모컨 remote control   탁자 table   소파 sofa   TV장 TV stand

1. 방(한국 집 방, 고향 집 방, 살고 싶은 방)을 그리세요. 그리고 친구하고 이야기해 보세요.
Draw a room (from your Korean house, your house back home, or your ideal room) and then discuss with your classmates.

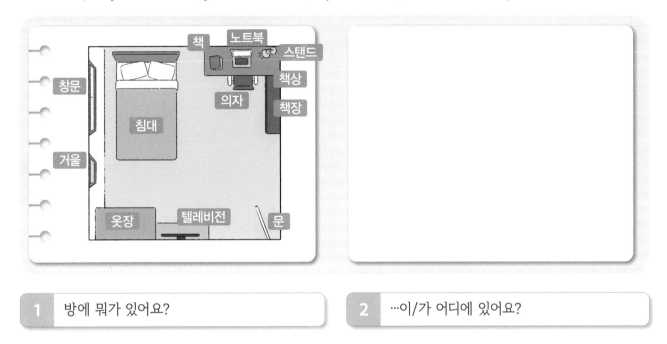

1	방에 뭐가 있어요?

2	…이/가 어디에 있어요?

2. 방에 뭐가, 어디에 있는지 쓰세요. (다음 문법을 사용해 보세요.)
Write down what you have in your room and where they are located. (Use the grammatical constructions in the box.)

☐ 명이/가 ☐ 명에 있어요 ☐ 명 명에 있어요

제 방이에요.

NEW 스탠드 desk lamp 책장 bookshelf 침대 bed 옷장 wardrobe

1. 친구하고 묻고 대답해 보세요. 그리고 쓰세요.

Ask and answer the questions with your classmates and then write down your answers.

NEW 약국 pharmacy　　테니스장 tennis court　　병원 doctor's office, hospital

2. 여기는 서강대학교예요. 친구하고 이야기해 보세요. 그리고 쓰세요.
This is Sogang University. Ask and answer the questions in A with your classmate. And then write down the answers.

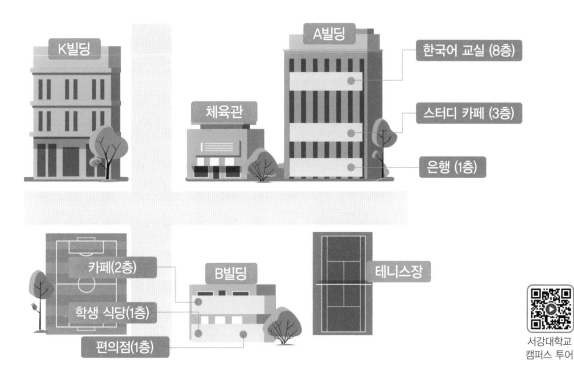

서강대학교
캠퍼스 투어

A		
1	한국어 교실이 어디에 있어요?	
2	A빌딩이 어디에 있어요?	
3	A빌딩에 뭐가 있어요?	
4	은행이 몇 층에 있어요?	
5	스터디 카페가 몇 층에 있어요?	

		B
6	학생 식당이 어디에 있어요?	
7	B빌딩이 어디에 있어요?	
8	B빌딩에 뭐가 있어요?	
9	편의점이 몇 층에 있어요?	
10	카페가 몇 층에 있어요?	

❶ 한국어 교실이 A빌딩에 있어요.

❷ _____

❸ _____

❹ _____

❺ _____

❻ 학생 식당이 B빌딩에 있어요.

❼ _____

❽ _____

❾ _____

❿ _____

NEW 체육관 gym

3. 2번 지도를 보고 쓰세요.

Finish writing the paragraph while looking at the map in No. 2.

1

서강대학교에 A빌딩이 있어요. A빌딩이 체육관 옆에 있어요. A빌딩에 은행, 스터디 카페, 한국어

교실이 있어요. 은행이 A빌딩 1층에 있어요. 스터디 카페가 …

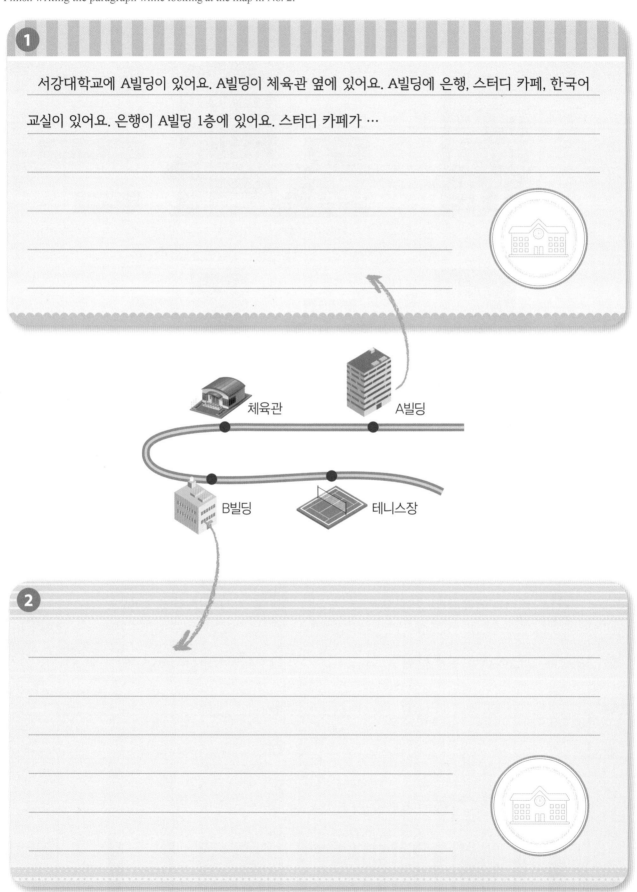

체육관 A빌딩

B빌딩 테니스장

2

4. 여러분의 교실이나 사무실 근처를 그리고 소개하는 글을 쓰세요. (다음 문법을 사용해 보세요.)

Draw a picture of the area around your classroom or office and then write a description of it. (Use the grammatical constructions in the box.)

| ☐ 명이/가 | ☐ 명에 있어요 | ☐ 명 명에 있어요 |

1. 친구하고 이야기해 보세요. 그리고 쓰세요.
Practice speaking with your classmates and then write down the answers.

지금 몇 시예요?   두 시 십오 분이에요.

2:15

❶ 두 시 십오 분이에요.

1:29

❷ _____

3:40

❸ _____

5:21

❹ _____

6:30

❺ _____

7:43

❻ _____

❼ _____

❽ _____

❾ _____

❿ _____

⓫ _____

⓬ _____

2. 친구하고 이야기해 보세요. 그리고 쓰세요.

Practice speaking with your classmates and then write down the answers.

> **A** 앤디 씨가 오전 8시 30분에 어디에 가요?

> **B** 오전 8시 30분에 학교에 가요.

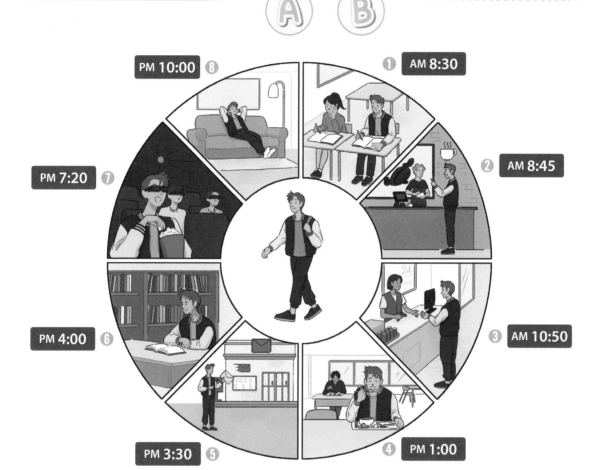

① 앤디 씨가 오전 8시 30분에 학교에 가요.

② 앤디 씨가

③ 앤디 씨가

④ 앤디 씨가

⑤ 앤디 씨가

⑥ 앤디 씨가

⑦ 앤디 씨가

⑧ 앤디 씨가

3. 친구하고 이야기해 보세요. 그리고 쓰세요.

Practice speaking with your classmates and then write down the answers.

지금 뭐 해요? Ⓐ Ⓑ 공부해요.

① 공부해요.

② _____

③ _____

오후 1:00

④ _____

오후 7:00

⑤ _____

⑥ _____

⑦ _____

⑧ _____

⑨ _____

⑩ _____

⑪ _____

⑫ _____

⑬ _____

⑭ _____

⑮ _____

☐ 게임해요	☑ 공부해요	☐ 샤워해요	☐ 세수해요	☐ 쇼핑해요
☐ 숙제해요	☐ 요리해요	☐ 운동해요	☐ 이야기해요	☐ 일해요
☐ 전화해요	☐ 점심 식사해요	☐ 저녁 식사해요	☐ 일어나요	☐ 자요

4. 친구하고 이야기해 보세요. 그리고 쓰세요.

Practice speaking with your classmates and then write down the answers.

 앤디 씨가 지금 뭐 해요?

 자요.

① 앤디 씨가 자요.

②

③

④

⑤

⑥

⑦

⑧

1. 미국 샌프란시스코는 지금 몇 시예요? 가족이 어디에 있어요? 뭐 해요? 읽어 보세요.
What time is it in San Francisco? Where are the family members, and what are they doing? Read the passage and find out the answers.

지금 미국 샌프란시스코는 오후 일곱 시예요. 아버지는 지금 회사에 있어요. 일해요. 일이 많아요. 어머니는 식당에 있어요. 친구하고 저녁 식사해요. 식당에 사람이 많아요.

저는 지금 한국에 있어요. 지금 한국 서울은 오전 열한 시예요. 저는 학교에 있어요. 한국어 공부해요.

2. 여러분 나라는 지금 몇 시예요? 가족이 어디에 있어요? 뭐 해요? 쓰세요.
What time is it in your country? Where are your family members, and what are they doing? Write the answers.

NEW 아버지 father   어머니 mother

1. 친구하고 묻고 대답해 보세요. 그리고 쓰세요.
Ask and answer the questions with your classmates and then write down your answers.

- .... 시   학교에 가요   → **몇 시에** 학교에 가요?
- 1시   ....에 가요   → 1시에 어디에 가요?
- 1시 반   ....   → 1시 반에 **뭐 해요?**

오전 7시 30분에 뭐 해요?   일어나요.

A

① 오전 7시 30분   일어나요   오전 7시 30분에 일어나요.

② 8시 30분

③ ....   한국어 공부해요

④ 오후 1시

⑤ 3시   ....에 가요

⑥ 4시   숙제해요

⑦ 5시   ....에 가요

⑧ 7시

⑨ 8시   ....

⑩ 밤 10시

1. 친구하고 묻고 대답해 보세요. 그리고 쓰세요.

Answer the questions with your classmates and then write down your answers.

- .... 시 　　　학교에 가요 　　　→ **몇 시에** 학교에 가요?
- 1시 　　　　　　........... 에 가요 　→ 1시에 **어디에** 가요?
- 1시 반 　　　........... 　→ 1시 반에 **뭐** 해요?

오전 8시 30분에 어디에 가요?   학교에 가요.

B

❶	오전	7시 30분	
❷		8시 30분	<u>학교</u> 에 가요
❸		9시	한국어 공부해요
❹	오후	1시	
❺		3시	
❻		....	숙제해요
❼		5시	
❽		7시	.... 에 가요
❾		8시	
❿	밤	10시	

8시 30분에 학교에 가요.

2. 앤디 씨의 하루예요. 친구하고 말해 보세요. 그리고 쓰세요.
This is Andy's daily schedule. Discuss with your classmates and then write the conversations.

 앤디 씨는 보통 오전 7시에 일어나요.

 말하기 수업이 끝나요.
쉬는 시간이에요.

8:30 학교에 와요.

 한국어 수업이 끝나요.

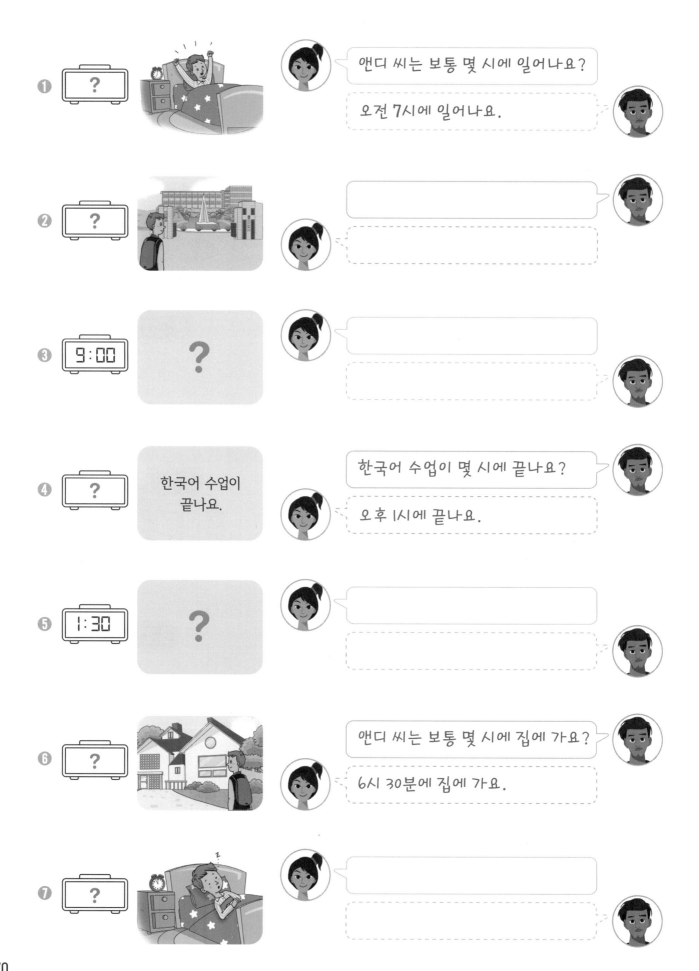

① 앤디 씨는 보통 몇 시에 일어나요?

오전 7시에 일어나요.

④ 한국어 수업이 몇 시에 끝나요?

오후 1시에 끝나요.

⑥ 앤디 씨는 보통 몇 시에 집에 가요?

6시 30분에 집에 가요.

3. 여러분의 하루 스케줄을 메모하세요.
Take notes about your daily schedule.

오전 ___시 ___분	일어나요		오후 ___시 ___분		
오전 ___시 ___분			오후 ___시 ___분		
오전 ___시 ___분			저녁 ___시 ___분		
오후 ___시 ___분			밤 ___시 ___분	자요	

4. 하루 스케줄을 쓰세요. (다음 문법을 사용해 보세요.)
Write about your daily schedule.(Use the grammatical constructions in the box.)

☐ 명에   ☐ 명에 가요   ☐ 동-아/어요

제 하루 스케줄이에요.

_____

_____

_____

_____

_____

_____

 **틀린 것을 다시 써 보세요.**
Rewrite the parts you got wrong.

명 을/를
동 -아/어요②
명 에서

1. 친구하고 이야기해 보세요. 그리고 친구의 대답을 듣고 쓰세요.
Ask and answer with your classmates and write down their answers.

○○ 씨, 사과를 좋아해요?
수박을 좋아해요?

사과를 좋아해요.

❶

사과　　　　　　　수박

❷

맥주　　　　　　　와인

❸

요리　　　　　　　여행

❹

마트　　　　　　　편의점

❶ ○○ 씨가 사과를 좋아해요.

❷ _____

❸ _____

❹ _____

2. 알맞은 것을 고르세요. 그리고 쓰세요.
Choose the correct answer and write the sentence.

❶ 숙제(을/를)해요.　　숙제를 해요.

❷ 비자(을/를) 받아요. _____

❸ 영화(을/를) 봐요. _____

❹ 밥(을/를) 먹어요. _____

❺ 음악(을/를) 들어요. _____

3. 친구하고 이야기해 보세요. 그리고 쓰세요.

Practice speaking with your classmates and then write down the answers.

 뭐 해요?   비자를 받아요.

① 비자를 받아요.

② ....

③ ....

④ ....

⑤ ....

⑥ ....

⑦ ....

⑧ ....

⑨ ....

⑩ ....

⑪ ....

⑫ ....

☐ 밥을 먹어요	☑ 비자를 받아요	☐ 영어를 가르쳐요	☐ 영화를 봐요
☐ 옷을 사요	☐ 음악을 들어요	☐ 책을 빌려요	☐ 책을 읽어요
☐ 춤을 춰요	☐ 친구를 만나요	☐ 커피를 마셔요	☐ 테니스를 배워요

4. 친구하고 이야기해 보세요. 그리고 쓰세요.

Practice speaking with your classmates and then write down the answers.

① 도서관 (에서) 한국어를 공부해요?
서점 (에서) 한국어를 공부해요?

도서관에서 한국어를 공부해요.

② 카페
은행
친구를 만나요? _____

③ 서점
영화관
영화를 봐요? _____

④ 백화점
편의점
옷을 사요? _____

⑤ 집
우체국
음악을 들어요? _____

5. 친구하고 말해 보세요. 그리고 쓰세요.

Practice speaking with your classmates based on the pictures and then write down the sentence.

① 앤디 / 집 / 게임을 해요.

앤디 씨가 집에서 게임을 해요.

② 하루카 / 식당 / 밥을 먹어요.

_____

③ 렌핑 / 도서관 / 책을 읽어요.

_____

④ 사라 / 카페 / 커피를 마셔요.

_____

74

6. 수잔 씨의 일주일 스케줄이에요. 친구하고 이야기해 보세요. 그리고 쓰세요.

This is Susan's weekly schedule. Practice speaking with your classmates and then write down the answers.

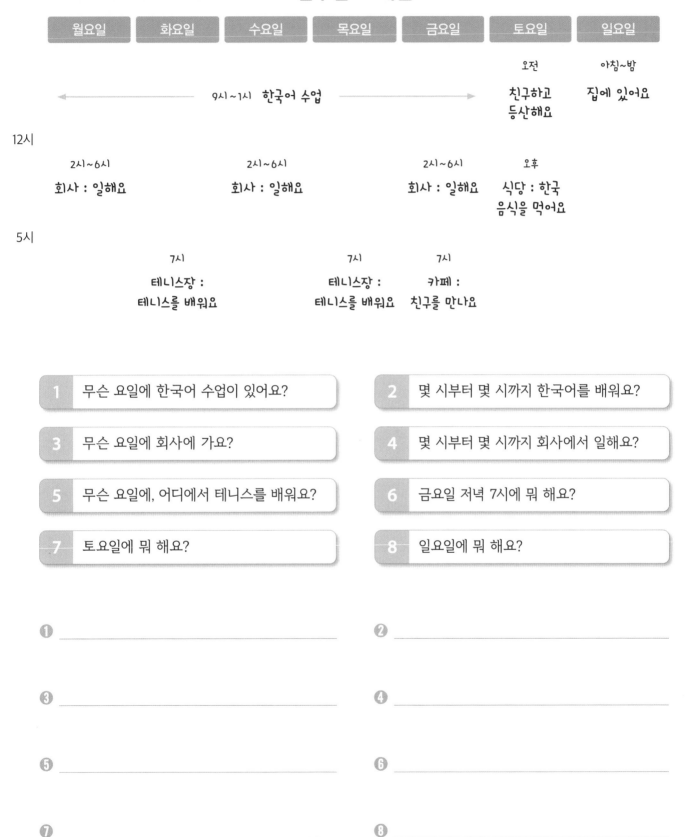

일주일 스케줄

월요일	화요일	수요일	목요일	금요일	토요일	일요일

9시~1시 **한국어 수업**

오전 — 친구하고 등산해요
아침~밤 — 집에 있어요

12시

2시~6시 회사 : 일해요 (월)
2시~6시 회사 : 일해요 (수)
2시~6시 회사 : 일해요 (금)
오후 — 식당 : 한국 음식을 먹어요

5시

7시 테니스장 : 테니스를 배워요 (화)
7시 테니스장 : 테니스를 배워요 (목)
7시 카페 : 친구를 만나요 (금)

1	무슨 요일에 한국어 수업이 있어요?
2	몇 시부터 몇 시까지 한국어를 배워요?
3	무슨 요일에 회사에 가요?
4	몇 시부터 몇 시까지 회사에서 일해요?
5	무슨 요일에, 어디에서 테니스를 배워요?
6	금요일 저녁 7시에 뭐 해요?
7	토요일에 뭐 해요?
8	일요일에 뭐 해요?

❶ _____

❷ _____

❸ _____

❹ _____

❺ _____

❻ _____

❼ _____

❽ _____

1. 스케줄을 메모하세요.

Take notes about your weekly schedule.

일주일 스케줄

월요일	화요일	수요일	목요일	금요일	토요일	일요일

12시

5시

2. 일주일 스케줄을 쓰세요. (다음 문법을 사용해 보세요.)

Write about your weekly schedule. (Use the grammatical constructions in the box.)

☐ 명을/를	☐ 명에서	☐ 동-아/어요

제 일주일 스케줄이에요.

1. 문장을 연결해서 말해 보세요. 그리고 쓰세요.
Connect the words to form a sentence. Say it aloud and then write it down.

| 앤디 씨 | 오후 1시 | 가요 | 식당 |

❶ 앤디 씨가 오후 1시에 식당에 가요.

| 도서관 | 가요 | 투안 씨 | 수업 후 |

❷ _____

| 태권도 | 렝핑 씨 | 월요일 | 체육관 | 배워요 |

❸ 렝핑 씨가 월요일에 체육관에서 태권도를 배워요.

| 수요일 | 쇼핑 | 바야르 씨 | 해요 | 백화점 |

❹ _____

| 쳐요 | 테니스장 | 테니스 | 한스 씨 | 오전 7시 |

❺ _____

| 영화관 | 사라 씨 | 봐요 | 오늘 저녁 6시 | 영화 |

❻ _____

2. 누가, 언제, 어디에서, 뭐 하는지 친구하고 말해 보세요. 그리고 쓰세요.
Discuss who, what, when, and where of these pictures with your classmates and then write the answers.

앤디 · 1시

바야르 · 매일

수잔 · 금요일

완 · 내일

가브리엘 · 오전 8시

한스 · 오늘

☐ 과자를 사다

☑ 라면을 먹다

☐ 운동을 하다

☐ 책을 읽다

☐ 춤을 추다

☐ 커피를 마시다

☐ 테니스를 치다

☐ 한국어를 공부하다

❶ 앤디 씨가 1시에 학생 식당에서 라면을 먹어요.

❷ _____

❸ _____

❹ _____

❺ _____

❻ _____

NEW 매일 every day   과자 snack foods

78

3. 학교 기숙사예요. 그림을 보세요.
Take a look at this picture of a school dormitory.

오늘은 일요일이에요.

NEW 기숙사 dormitory   휴게실 lounge

3. 친구하고 이야기해 보세요. 그리고 쓰세요.
Practice speaking with your classmates and then write down the answers.

1	한국어 수업이 있어요?	2	학생들이 어디에 있어요?

3	1층에 뭐가 있어요?	4	휴게실에서 친구들이 뭐 해요?

5	방이 몇 층에 있어요?	6	완 씨가 하루카 씨하고 뭐 해요?

7	한스 씨가 방에서 뭐 해요?	8	투안 씨는 어디에서 뭐 해요?

9	앤디 씨는 어디에 있어요? 뭐 해요?	10	학생들이 저녁 6시에 어디에서 식사해요?

❶ _____

❷ _____

❸ _____

❹ _____

❺ _____

❻ _____

❼ _____

❽ _____

❾ _____

❿ _____

4. 그림을 보고 학생들이 일요일에 학교 기숙사에서 뭐 하는지 쓰세요. (다음 문법을 사용해 보세요.)

While looking at the picture, write down what the students are doing on Sunday at the school dormitory. (Use the grammatical constructions in the box.)

☐ 명에   ☐ 명에 있어요   ☐ 명에 가요

☐ 명을/를   ☐ 명에서   ☐ 동-아/어요

오늘은 일요일이에요.

_____

_____

_____

_____

_____

_____

_____

틀린 것을 다시 써 보세요.
Rewrite the parts you got wrong.

1. 단어를 읽으세요.
Practice reading the words and phrases.

오늘	이번 주	이번 달	올해
어제	지난주	지난달	작년

2. 친구하고 말해 보세요. 그리고 쓰세요.
Practice speaking with your classmates and then complete the tables.

공부해요. 공부했어요.

하다					
공부하다	공부해요	공부했어요	좋아하다		
운동하다			조용하다		
식사하다			피곤하다		

ㅏ ㅗ					
받다	받아요	받았어요	일어나다		
많다			만나다		
좋다			보다		

ㅓ ㅣ ㅜ					
먹다	먹어요	먹었어요	마시다		
읽다			가르치다		
있다			배우다		
없다			추다		

ㄷ		
듣다✪		
걷다✪		

ㅡ		
쓰다✪		
예쁘다✪		
아프다✪		
바쁘다✪		

3. 친구하고 이야기해 보세요. 그리고 쓰세요.
Practice speaking with your classmates and then write down the answers.

A : 앤디 씨가 비빔밥을 먹어요?

B : 아니요, 비빔밥을 안 먹어요. 김밥을 먹어요.

A : 앤디 씨가 테니스를 배워요?

B : 아니요,

A : 앤디 씨가 요리해요?

B : 아니요,

A : 바야르 씨가 어제 책을 샀어요?

B : 아니요,

A : 하루카 씨가 지난주에 영화를 봤어요?

B : 아니요,

A : 가브리엘 씨가 오늘 아침에 일했어요?

B : 아니요,

4. 친구하고 이야기해 보세요. 그리고 쓰세요.
Practice speaking with your classmates and then write down the answers.

어제 뭐 했어요?   공부했어요. 그리고 요리도 했어요.

❶

❷

❸

❹

❺

❻

❶ 공부했어요. 그리고 요리도 했어요.

❷ _____

❸ _____

❹ _____

❺ _____

❻ _____

☐ 게임하다	✔ 공부하다	☐ 밥을 먹다	☐ 영화를 보다
✔ 요리하다	☐ 운동하다	☐ 음악을 듣다✿	☐ 책을 읽다
☐ 춤을 추다	☐ 친구를 만나다	☐ 커피를 마시다	☐ 테니스를 치다

5. 읽으세요. 그리고 쓰세요.

Read the passage and then answer the questions.

> 수잔 씨는 지난주에 이사했어요. **그래서** 어제 집에 친구들을 초대했어요. 친구들이 일곱 시에 왔어요. 다 같이 저녁을 맛있게 먹었어요. 그리고 이야기도 많이 했어요. 아홉 시쯤 저녁 식사가 끝났어요. **그다음에** 노래했어요. 음악을 들었어요. 그리고 춤도 췄어요. 파티가 정말 재미있었어요. 파티가 밤 열한 시에 끝났어요. 수잔 씨는 피곤했어요. **하지만** 기분이 아주 좋았어요.

❶ 수잔 씨는 이사했어요. **그래서** 뭐 했어요?　_____

❷ 저녁을 먹었어요. **그리고** 뭐 했어요?　_____

❸ 아홉 시쯤 저녁 식사가 끝났어요. **그다음에** 뭐 했어요?　_____

❹ 수잔 씨는 피곤했어요. **하지만** 기분이 어땠어요?　_____

6. 친구하고 문장을 만들어 보세요. 그리고 쓰세요.

Practice making sentences with your classmates and then write them down.

그리고　_____

그다음에　_____

그래서　_____

하지만　_____

85

7. 친구하고 이야기해 보세요. 그리고 쓰세요.
Practice speaking with your classmates and then write down the answers.

1	어느 나라에서 왔어요?

2	언제 한국에 왔어요?

3	언제 한국어 공부를 시작했어요?

4	어디에서 한국어 공부를 시작했어요?

❶ _____

❷ _____

❸ _____

❹ _____

5	오늘 아침에 몇 시에 일어났어요? '그다음에'를 사용하세요.

6	아침에 뭐 먹었어요? 뭐 안 먹었어요? '하지만'을 사용하세요.

7	오늘 몇 시에 학교에 왔어요?

8	쉬는 시간에 뭐 했어요? '그리고'를 사용하세요.

❺ _____

❻ _____

❼ _____

❽ _____

NEW 시작하다 to start   쉬는 시간 break time

1. 친구하고 이야기해 보세요. 그리고 쓰세요.
Practice speaking with your classmates and then write down the answers.

어제 뭐 했어요? 요리했어요.

①

②

③

④

⑤

⑥

① 요리했어요.

② _____

③ _____

④ _____

⑤ _____

⑥ _____

| ☐ 다리미질하다 | ☐ 빨래하다 | ☐ 설거지하다 |
| ☑ 요리하다 | ☐ 책상 정리를 하다 | ☐ 청소하다 |

2. 친구하고 이야기해 보세요. 그리고 쓰세요.

Practice speaking with your classmates and then write down the answers.

1 지난주 일요일에 몇 시에 일어났어요?	**2** 일어났어요. 그다음에 뭐 했어요?
3 아침을 먹었어요? 뭐 먹었어요?	**4** 약속이 있었어요? 누구하고 약속이 있었어요?
5 몇 시에, 어디에서 만났어요?	**6** 약속 장소에 사람이 많았어요?
7 친구를 기다렸어요? 얼마 동안 기다렸어요?	**8** 어디에 갔어요? 거기에서 뭐 했어요?
9 그다음에 어디에 갔어요? 뭐 했어요?	**10** 몇 시에 집에 갔어요? 어땠어요?

❶ _____

❷ _____

❸ _____

❹ _____

❺ _____

❻ _____

❼ _____

❽ _____

❾ _____

❿ _____

NEW 동안 during

3. 지난주 일요일에 뭐 했는지 쓰세요. (다음 문법을 사용해 보세요.)
Write down what you did last Sunday. (Use the grammatical constructions in the box.)

☐ 명에   ☐ 명에서   ☐ 명에 가요

☐ 동-았/었어요   ☐ 안 동 형   ☐ 명도

저는 지난주 일요일에 아주 바빴어요.

_____

_____

_____

_____

_____

_____

 틀린 것을 다시 써 보세요.
Rewrite the parts you got wrong.

동-고 싶어요
명(으)로①
동-(으)세요①

1. 친구하고 이야기해 보세요. 그리고 쓰세요.
Practice speaking with your classmates and then write down the answers.

뭐 하고 싶어요?

피곤해요. 자고 싶어요.

Ⓐ Ⓑ

옷이 없어요.
❷ _____

날씨가 좋아요.
❻ _____

피곤해요.
❶ 자고 싶어요.

오늘이 생일이에요.
❺ _____

배가 고파요.
❸ _____

목이 말라요.
❹ _____

공부 안 하고 싶어요.
❼ _____

피곤해요.
❽ _____

☐ 물을 마시다   ☐ 밥을 먹다   ☐ 산책하다   ☐ 선물을 받다
☐ 옷을 사다   ☑ 자다   ☐ 집에서 쉬다   ☐ 친구하고 놀다

NEW 배가 고프다 to be hungry   목이 마르다 to be thirsty

2. 친구하고 이야기해 보세요. 그리고 쓰세요.
Practice speaking with your classmates and then write down the answers.

(A) 한스 씨가 집에 어떻게 가요?

지하철로 가요. (B)

(A) 한스 씨 집까지 시간이 얼마나 걸려요?

25분쯤 걸려요. (B)

❸ 완   10분   ❹ 투안   5분

❷ 앤디   20분   ❺ 사라   15분

❶ 한스   25분   ❻ 수잔   35분

❶ 한스 씨가 집에 지하철로 가요.
학교에서 집까지 25분쯤 걸려요.

❷ _____

❸ _____

❹ _____

❺ _____

❻ _____

3. 선생님이 무슨 말을 해요? 친구하고 말해 보세요. 그리고 쓰세요.
What is the teacher saying? Discuss with your classmates and write down the answers.

☐ 따라 하다   ☐ 쓰다   ☑ 여기 보다   ☐ 이야기하다   ☐ 읽다   ☐ 잘 듣다

NEW 따라 하다 repeat (after me)

4. 교실 규칙이에요. 친구하고 말해 보세요. 그리고 쓰세요.
These are the classroom rules. Discuss with your classmates and write them down.

① 늦지 마세요.

② _____

③ _____

④ _____

⑤ _____

⑥ _____

☑ 늦다

☐ 사진을 찍다

☐ 영어로 이야기하다

☐ 음식을 먹다

☐ 핸드폰을 보다

☐ 혼자 공부하다

1. '-(으)세요', '-지 마세요'를 사용해서 친구하고 이야기해 보세요. 그리고 쓰세요.
Talk to your classmates using '-(으)세요' and '-지 마세요' and then write down the answers.

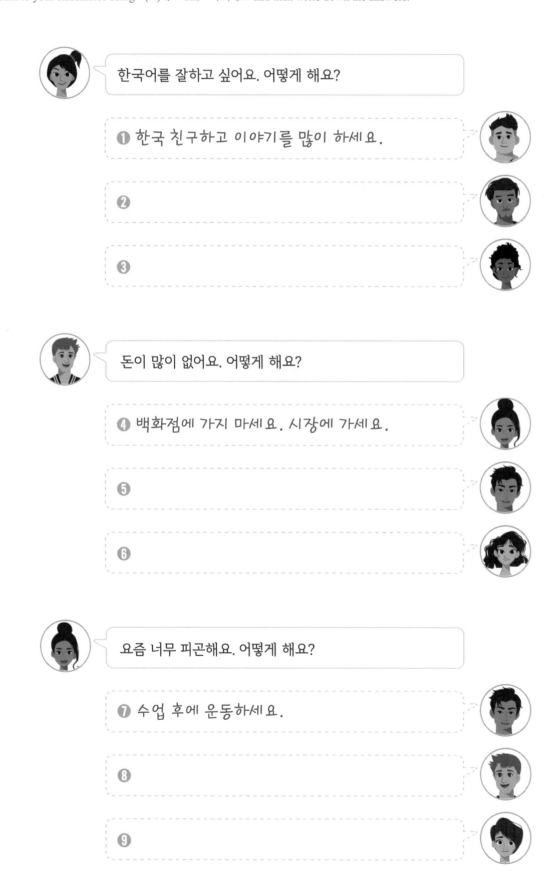

한국어를 잘하고 싶어요. 어떻게 해요?

❶ 한국 친구하고 이야기를 많이 하세요.

❷

❸

돈이 많이 없어요. 어떻게 해요?

❹ 백화점에 가지 마세요. 시장에 가세요.

❺

❻

요즘 너무 피곤해요. 어떻게 해요?

❼ 수업 후에 운동하세요.

❽

❾

1. 친구하고 묻고 대답해 보세요. 그리고 쓰세요.
Ask and answer the questions with your classmates and then write down your answers.

명동에 어떻게 가요?

학교 앞에서 604번 버스를 타세요.

명동까지 얼마나 걸려요?

30분쯤 걸려요.

동대문에 어떻게 가요?

학교 앞에서 5714번 버스를 타세요.

동대문까지 얼마나 걸려요?

40분쯤 걸려요.

A

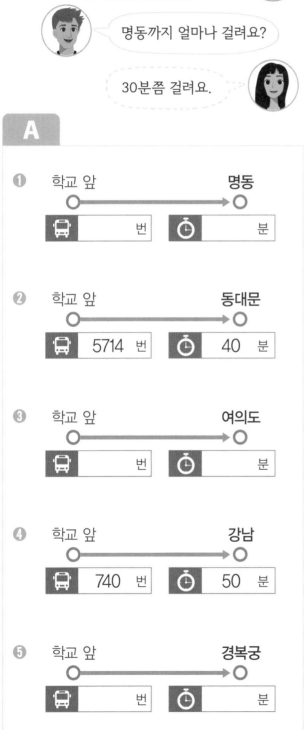

❶ 학교 앞 → 명동
🚌 [   ] 번   ⏱ [   ] 분

❷ 학교 앞 → 동대문
🚌 5714 번   ⏱ 40 분

❸ 학교 앞 → 여의도
🚌 [   ] 번   ⏱ [   ] 분

❹ 학교 앞 → 강남
🚌 740 번   ⏱ 50 분

❺ 학교 앞 → 경복궁
🚌 [   ] 번   ⏱ [   ] 분

B

❶ 학교 앞 → 명동
🚌 604 번   ⏱ 30 분

❷ 학교 앞 → 동대문
🚌 [   ] 번   ⏱ [   ] 분

❸ 학교 앞 → 여의도
🚌 7613 번   ⏱ 25 분

❹ 학교 앞 → 강남
🚌 [   ] 번   ⏱ [   ] 분

❺ 학교 앞 → 경복궁
🚌 710 번   ⏱ 35 분

2. 친구하고 이야기해 보세요. 그리고 쓰세요.

Practice speaking with your classmates and then write down the answers.

Ⓐ 인사동에 어떻게 가요?

신촌 역에서 지하철 2호선을 타세요.
그리고 을지로3가 역에서 3호선으로 갈아타세요. Ⓑ

Ⓐ 어디에서 내려요?

안국 역에서 내리세요. Ⓑ

☑ 인사동
　(안국 역)

☐ 고속버스터미널
　(고속터미널 역)

☐ 상암 월드컵경기장
　(월드컵경기장 역)

☐ 여의도 한강 공원
　(여의나루 역)

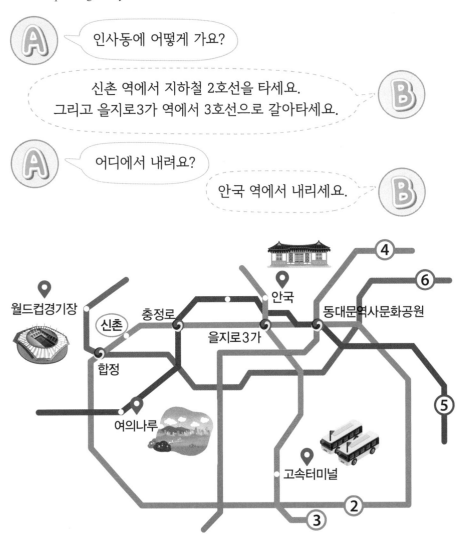

❶ 인사동 : 신촌 역에서 지하철 2호선을 타세요.

그리고 을지로3가 역에서 3호선으로 갈아타세요. 안국 역에서 내리세요.

❷ 고속버스터미널 :

❸ 상암 월드컵경기장 :

❹ 여의도 한강 공원 :

3. 친구하고 서울을 구경해요. 카드를 보고 친구하고 이야기해 보세요. 그리고 쓰세요.

Imagine that you will go sightseeing in Seoul with a friend. Discuss the scenarios below with your classmates and then write down your sightseeing plan.

| 1 | 어디에 가고 싶어요? | 2 | 거기에 버스로 어떻게 가요? |

| 3 | 버스로 얼마나 걸려요? | 4 | 거기에 지하철로 어떻게 가요? |

| 5 | 지하철로 얼마나 걸려요? | 6 | 거기에서 뭐 하고 싶어요? |

❶

| 장소 | 북촌 한옥마을 |

| 교통 | 🚌 신촌, 272번 / 45분 |
| | 🚇 신촌 역, 2호선 → 을지로3가 역, 3호선 → 안국 역 / 40분 |

| 뭐 하고 싶어요? | ① 한옥을 구경하다 ② 한복을 입다 |

❷

| 장소 | 여의도 한강 공원 |

| 교통 | 🚌 신촌, 753번 / 25분 |
| | 🚇 신촌 역, 2호선 → 충정로 역, 5호선 → 여의나루 역 / 30분 |

| 뭐 하고 싶어요? | ① 산책하다 ② 자전거를 타다 |

친구하고 북촌 한옥마을에 가고 싶어요.

거기에 버스로 가요. 그럼 신촌에서 272번 버스를 타요. 버스로 45분쯤 걸려요.

거기에 지하철로 가요. 그럼 신촌 역에서 지하철 2호선을 타요. 그리고 을지로3가 역에서 3호선으로 갈아타요. 안국 역에서 내려요. 지하철로 40분쯤 걸려요.

북촌 한옥마을에서 한옥을 구경하고 싶어요. 그리고 한복을 입고 싶어요.

NEW 한옥을 구경하다 to see a hanok (traditional Korean house) 한복을 입다 to wear hanbok (traditional attire)

1. 여러분은 어디에 여행 가고 싶어요? 친구하고 이야기해 보세요. 그리고 쓰세요.
Where would you like to travel to? Discuss with your classmates and write down the answers.

여행을 가요!

언제? _____ 년 _____ 월 _____ 일

어디? _____

누구하고? ☐ 👤 ☐ 👥 _____

어떻게? ☐ 🚌 ☐ Ⓜ ☐ 🚆 ☐ ✈ ☐ 👣

뭐 하고 싶어요? _____

MEMO
_____
_____
_____
_____
_____

1	어디에 가고 싶어요?	2	왜 거기에 가고 싶어요?
3	언제 가고 싶어요?	4	누구하고 같이 가고 싶어요?
5	거기에 어떻게 가요? 얼마나 걸려요?	6	거기에서 뭐 하고 싶어요?

❶ _____

❷ _____

❸ _____

❹ _____

❺ _____

❻ _____

2. 가고 싶은 여행지에 대해 쓰세요. (다음 문법을 사용해 보세요.)
Write about a place you would like to travel to. (Use the grammatical constructions in the box.)

☐ 동-고 싶어요	☐ 명(으)로①	☐ 동-(으)세요①
☐ 명에 있어요	☐ 명에 가요	☐ 명도

_____

_____

_____

_____

_____

_____

_____

틀린 것을 다시 써 보세요.
Rewrite the parts you got wrong.

동-(으)러 가요
명(이)나
동-(으)ㄹ 거예요

1. 친구하고 이야기해 보세요. 그리고 쓰세요.
Practice speaking with your classmates and then write down the answers.

A 앤디 씨가 어디에 가요?　　B 운동하러 공원에 가요.

앤디　사라　한스　하루카　완　투안　바야르　렌핑

❶ 앤디 씨가 운동하러 공원에 가요.

❷ _____

❸ _____

❹ _____

❺ _____

❻ _____

❼ _____

❽ _____

☐ 강아지하고 산책하다　　☐ 낮잠을 자다　　☐ 사진을 찍다　　☐ 샌드위치를 먹다
☑ 운동하다　　☐ 자전거를 타다　　☐ 책을 읽다　　☐ 친구를 만나다

2. 친구하고 이야기해 보세요. 그리고 쓰세요.
Practice speaking with your classmates and then write down the answers.

지금 뭐 해요?

내일 뭐 할 거예요?

Ⓐ Ⓑ

공부해요.

공부할 거예요.

❶ 공부해요.

공부할 거예요.

❷ ....

❸ ....

❹ ....

....

❺ ....

....

❻ ....

....

❼ ....

....

❽ ....

....

❾ ....

....

❿ ....

....

⓫ ....

....

⓬ ....

....

☑ 공부하다	☐ 운동하다	☐ 공원에서 걷다✿	☐ 비자를 받다
☐ 영화를 보다	☐ 옷을 사다	☐ 요가를 배우다	☐ 음악을 듣다✿
☐ 책을 읽다	☐ 친구하고 놀다✿	☐ 커피를 마시다	☐ 쿠키를 만들다✿

101

3. 친구하고 '-았/었어요'를 '-(으)ㄹ 거예요'로 바꿔 말해 보세요. 그리고 쓰세요.

Read the passage to your classmates while changing '-았/었어요' to '-(으)ㄹ 거예요' and write down the answers.

❶

저는 지난 주말에 영화관에 갔어요. CGV에 갔어요. 한국 영화를 봤어요.

→ 저는 다음 주말에 영화관에 갈 거예요. CGV에 갈 거예요.

한국 영화를 볼 거예요.

❷

저는 어제 콘서트에 갔어요. 콘서트에서 노래했어요. 그리고 춤도 췄어요.

→ 저는 내일

❸

저는 지난주 금요일에 파티를 했어요. 친구들을 8명 초대했어요. 제가 음식을 만들었어요. 그리고 집을 청소했어요.

→ 저는 이번 주 금요일에

❹

저는 작년에 프랑스에 갔어요. 친구하고 같이 갔어요. 프랑스에서 쇼핑했어요. 그리고 사진을 많이 찍었어요.

→ 저는 내년에

4. 단어를 읽으세요.
Practice reading the words and phrases.

내일	다음 주	다음 달	내년
2일 후	2주 후	두 달 후	2년 후

5. 친구하고 이야기해 보세요. 그리고 쓰세요.
Practice speaking with your classmates and then write down the answers.

언제 서점에 갈 거예요?   내일 서점에 갈 거예요.

친구 / 오늘 / 서점

3월

SUNDAY	MONDAY	TUESDAY	WEDNESDAY	THURSDAY	FRIDAY	SATURDAY
					1	2
3	4	5	6	7	8	9
10	11	12	13	14	15	16
17	18	19	20	21	22	23
24	25	26	27	28	29	30

여행 / 비자

4월 / 생일 파티

SUNDAY	MONDAY	TUESDAY	WEDNESDAY	THURSDAY	FRIDAY	SATURDAY
	1	2	3	4	5	6
7	8	9	10	11	12	13
14	15	16	17	18	19	20
21	22	23	24	25	26	27
28	29	30				

☑ 내일　　　□ 3일 후　　　□ 다음 주　　　□ 2주 후　　　□ 다음 달

❶ (서점에 가다)　　내일 서점에 갈 거예요.

❷ (비자를 받다)　_____

❸ (생일 파티를 하다)　_____

❹ (여행을 가다)　_____

❺ (친구를 만나다)　_____

6. 두 개를 골라 친구하고 이야기해 보세요. 그리고 쓰세요.

Choosing two items from each box and answer the questions. Then write down the answers.

뭐 먹고 싶어요?   김밥이나 라면을 먹고 싶어요.

❶ 뭐 먹고 싶어요?

김밥
떡볶이
불고기
비빔밥
라면

❷ 보통 어디에서 친구를 만나요?

공원
카페
영화관
학교 앞
쇼핑몰

❸ 부산에 어떻게 가요?

KTX
고속버스
자동차
비행기
기차

❹ 수업 후에 어디에 갈 거예요?

도서관
집
식당
마트
카페

❶ 김밥이나 라면을 먹고 싶어요.

❷ _____

❸ _____

❹ _____

1. 친구하고 말해 보세요. 그리고 쓰세요.
Practice speaking with your classmates and then write down the answers.

❶ 돈을 찾으러 은행에 가요.

❷ 돈을 보내러 은행에 가요.

❸ 카드를 만들러 은행에 가요.

❹ 산책하러 공원에 가요.

❺

❻

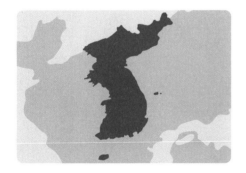

❼ 한국어를 공부하러 한국에 왔어요.

❽

❾

❿ 커피를 사러 카페에 갈 거예요.

⑪

⑫

NEW 돈을 찾다 to withdraw money

2. 이번 주말에 뭐 할 거예요? 할 일을 체크하세요.
What are you going to do this weekend? Check what you plan to do.

해야 할 일(TO DO LIST)

집에서 뭐 해요?	밖에서 뭐 해요?
☐ 게임하다	☐ 구경하다
☐ 빨래하다	☐ 등산하다
☐ 설거지하다	☐ 산책하다
☐ 쉬다	☐ 운동하다
☐ 음식을 만들다	☐ 친구를 만나다
☐ 음악을 듣다	☐ 친구하고 놀다
☐ 자다	☐ 커피를 마시다
☐ 책상 정리하다	☐ _____에 가다
☐ 청소하다	☐ _____에 _____-(으)러 가다
☐ _____	☐ _____
☐ _____	☐ _____
☐ _____	☐ _____

3. 친구하고 이야기해 보세요. 그리고 쓰세요.
Practice speaking with your classmates and then write down the answers.

1	이번 주말에 바빠요?	2	토요일에 집에서 뭐 할 거예요?
3	일요일에 약속이 있어요?	4	어디에 갈 거예요?
5	뭐 할 거예요?	6	그리고 또 뭐 하고 싶어요?

❶ 저는 이번 주말에 _____

❷ _____

❸ _____

❹ _____

❺ _____

❻ _____

❶ ○○ 씨는 _____

❷ _____

❸ _____

❹ _____

❺ _____

❻ _____

4. 이번 주말 계획을 쓰세요. (다음 문법을 사용해 보세요.)

Write about your plans for this weekend.(Use the grammatical constructions in the box.)

> ☐ 동-(으)러 가요　　☐ 명(이)나　　☐ 동-(으)ㄹ 거예요
> ☐ 그리고　　　　　 ☐ 그래서　　☐ 동-고 싶어요

저는 이번 주말에

_____

_____

_____

_____

_____

_____

 틀린 것을 다시 써 보세요.

Rewrite the parts you got wrong.

1. 친구하고 이야기해 보세요. 그리고 쓰세요.
Practice speaking with your classmates and then write down the answers.

A : 이름이 뭐예요?
B : 앤디예요.
A : 어느 나라 사람이에요?
B : 미국 사람이에요.
A : 무슨 일을 하세요?
B : 학생이에요.

앤디, 미국, 학생

앤디예요.

미국 사람이에요.

학생이에요.

한스, 독일, 회사원

바야르, 몽골, 가이드

하루카, 일본, 일본어 선생님

❶

❷

❸

2. 친구하고 이야기해 보세요. 그리고 쓰세요.
Practice speaking with your classmates and then write down the answers.

이게 뭐예요?

저게 뭐예요?

❶ 책이에요.

❷

❸

❹

❺

❻

❼

❽

3. 친구하고 말해 보세요. 그리고 쓰세요.
Practice speaking with your classmates and then write down the answers.

1	2	3	4	5
일 하나				

6	7	8	9	10

4. 친구하고 이야기해 보세요. 그리고 쓰세요.
Practice speaking with your classmates and then write down the answers.

A : 수잔 씨 전화번호가 몇 번이에요?

B : 공일공에 사구사팔에 일이팔칠이에요.

A : 생일이 며칠이에요?

B : 유월 이십삼일이에요.

수잔, 010-4948-1287, 6월 23일

렌핑, 010-9649-1504, 7월 15일

사라, 010-5920-7245, 10월 28일

① ....

....

② ....

....

5. 친구하고 말해 보세요. 그리고 쓰세요.
Practice speaking with your classmates and then write down the answers.

① 사과 | 세 개 | ② 친구 .... ③ 책 .... ④ 종이 ....

6. 질문을 쓰세요.

Write the questions.

① A : 이름이 뭐예요?

  B : 저는 앤디예요.

② A : _____ ?

  B : 미국 사람이에요.

③ A : _____ ?

  B : 학생이에요.

④ A : _____ ?

  B : 책상이에요.

⑤ A : _____ ?

  B : 수잔 씨 거예요.

⑥ A : _____ .

  B : 아니에요.

⑦ A : _____ ?

  B : 010-4948-1287이에요.

⑧ A : _____ ?

  B : 7월 15일이에요.

⑨ A : _____ ?

  B : 3,000원이에요.

⑩ A : _____ ?

  B : 네, 저기 있어요.

7. 대답을 쓰세요.
Write the answers.

❶ A : 이름이 뭐예요?

　　B : _____

❷ A : 어느 나라 사람이에요?

　　B : _____

❸ A : 무슨 일을 하세요?

　　B : _____

❹ A : 이게 뭐예요?

　　B : _____

❺ A : 누구 거예요?

　　B : _____

❻ A : 고마워요.

　　B : _____

❼ A : 전화번호가 몇 번이에요?

　　B : _____

❽ A : 생일이 며칠이에요?

　　B : _____

❾ A : 아메리카노가 얼마예요?

　　B : _____

❿ A : 빨대 있어요?

　　B : _____

1. 알맞은 조사를 넣어 보세요.
Fill in the blanks with appropriate markers.

❶ 의자 [가] 일곱 개 있어요.

❷ 앤디 씨가 9시에 학교＿＿＿＿＿ 가요.

❸ 카페＿＿＿＿＿ 사람이 많아요.

❹ 책이 책상 위＿＿＿＿＿ 있어요.

❺ 아침 6시＿＿＿＿＿ 일어나요.

2. 다음 단어를 이용해서 문장을 만들어 보세요.
Make a sentence using the following words.

❶ 앞 ＿＿＿＿＿＿＿＿＿＿＿＿＿＿＿＿＿＿＿＿＿＿＿＿＿＿＿＿＿＿＿＿＿

❷ 가요 ＿＿＿＿＿＿＿＿＿＿＿＿＿＿＿＿＿＿＿＿＿＿＿＿＿＿＿＿＿＿＿＿

❸ 공부해요 ＿＿＿＿＿＿＿＿＿＿＿＿＿＿＿＿＿＿＿＿＿＿＿＿＿＿＿＿＿

❹ 많아요 ＿＿＿＿＿＿＿＿＿＿＿＿＿＿＿＿＿＿＿＿＿＿＿＿＿＿＿＿＿＿

❺ 지금 ＿＿＿＿＿＿＿＿＿＿＿＿＿＿＿＿＿＿＿＿＿＿＿＿＿＿＿＿＿＿＿

3. 질문을 쓰세요.
Write the questions.

❶ A : ＿＿＿＿＿＿＿＿＿＿＿＿＿＿＿＿＿＿＿＿＿ ?

B : 오전 9시 10분이에요.

❷ A : ＿＿＿＿＿＿＿＿＿＿＿＿＿＿＿＿＿＿＿＿＿ ?

B : 학교예요.

❸ A : ＿＿＿＿＿＿＿＿＿＿＿＿＿＿＿＿＿＿＿＿＿ ?

B : 앤디 씨가 식당에 있어요.

❹ A : _____?

　　 B : 가방이 책상 위에 있어요.

❺ A : _____?

　　 B : 아니요, 완 씨가 교실에 없어요.

❻ A : _____?

　　 B : 도서관에 가요.

❼ A : _____?

　　 B : 공부해요.

❽ A : _____?

　　 B : 7시에 일어나요.

❾ A : _____?

　　 B : 아니요, 카페에 가요.

❿ A : _____?

　　 B : 8시 30분에 학교에 가요.

4. 친구하고 인터뷰를 연습해 보세요. 그리고 자신의 대답을 쓰세요.
Do a mock interview with your classmates and then write your answers.

❶ 집이 어디에 있어요? 집 근처에 뭐가 있어요?

❷ 보통 몇 시에 일어나요? 몇 시에 학교에 가요? 몇 시에 점심 식사해요?

❸ 가족이 몇 명이에요? 가족이 지금 어디에 있어요? 여러분 나라는 지금 몇 시예요? 가족이 지금 뭐 해요?

5. 오늘 오후에 뭐 하는지 대화를 만들어 보세요.
Write a conversation about what you will be doing this afternoon.

A : 오늘 오후에 공부해요?

B : 아니요.

A : _____

B : _____

A : _____

B : _____

A : _____

B : _____

A : _____

B : _____

 틀린 것을 다시 써 보세요.
Rewrite the parts you got wrong.

6. 여러분은 집 근처에 뭐가 있었으면 좋겠어요? 집 근처를 그리고 글을 써 보세요.
What do you wish you had close to home? Draw the area around your house and write about it.

☐ 공원	☐ 마트	☐ 버스 정류장	☐ 병원
☐ 은행	☐ 지하철역	☐ 카페	☐ 편의점

여기는 제 집 근처예요. 집 근처에 카페, 마트, 공원…

1. 알맞은 조사를 넣어 보세요.
Fill in the blanks with appropriate markers.

① 오늘 친구 | 를 | 만나요.

② 오전_____ 학교_____ 한국어_____ 공부해요.

③ 월요일_____ 금요일_____ 아주 바빠요.

④ 어제 등산했어요. 그래서 다리_____ 아팠어요.

⑤ 파티_____ 열한 시_____ 끝났어요.

2. 누가, 언제, 어디에서, 무엇을 해요/했어요? 다음 동사를 이용해서 문장을 만들어 보세요.
Using the following verbs, write down answers in sentences including who, what, when, and where.

① 운동하다   앤디 씨가 수업 후에 체육관에서 운동을 해요.

② 먹다 _____

③ 가르치다 _____

④ 배우다 _____

⑤ 듣다 _____

3. 문장을 완성하세요.
Complete the sentences.

① 오전에 학교에서 한국어를 배워요. 그리고 _____

② 보통 수업 후에 점심 식사해요. 그다음에 _____

③ 어제 세 시간 동안 걸었어요. 그래서 _____

④ 용산 영화관을 몰라요. 하지만 _____

4. 다음 단어를 이용해서 문장을 만들어 보세요.
Make a sentence using the following words.

① 보통 _____

② 알다 _____

③ 끝나다 _____

④ 재미있다 _____

⑤ -부터 -까지 _____

5. 친구하고 인터뷰를 연습해 보세요. 그리고 자신의 대답을 쓰세요.
Do a mock interview with your classmates and then write your answers.

① 몇 시에 수업이 끝나요? 보통 수업 후에 뭐 해요?

② 매일 몇 시간 동안 공부해요? 어디에서, 누구하고 공부해요?

③ 오늘 아침에 뭐 했어요?

④ 지난 주말에 뭐 했어요? 뭐 안 했어요?

6. 보통 수업 후에 뭐 하는지 대화를 만들어 보세요.
Make a conversation about what you usually do after class.

A : 수업이 몇 시에 끝나요?

B : ....

A : 수업 후에 뭐 해요?

B : ....

A : _____

B : ....

A : _____

B : ....

A : _____

B : ....

 틀린 것을 다시 써 보세요.
Rewrite the parts you got wrong.

7. 친구하고 이야기해 보세요. 그리고 쓰세요. (다음 문법을 사용해 보세요.)
Practice speaking with your classmates and then write down the answers. (Use the grammatical constructions in the box.)

1	언제, 누구하고 파티를 했어요?	2	왜 파티를 했어요?
3	몇 시에, 어디에서 파티를 했어요?	4	파티 전에 뭐 했어요?
5	파티에서 뭐 했어요?	6	파티에서 뭐 먹었어요?
7	몇 시에 파티가 끝났어요?	8	파티가 어땠어요?

☐ 명에 ☐ 명을/를 ☐ 명에서 ☐ 명도
☐ 명에 있어요 ☐ 명에 가요 ☐ 동-아/어요 ☐ 동-았/었어요

저는 작년에 …

틀린 것을 다시 써 보세요.
Rewrite the parts you got wrong.

1. 알맞은 조사를 넣어 보세요.
Fill in the blanks with appropriate markers.

❶ 학교 [에] 버스＿＿＿＿＿ 와요.

❷ 지하철 2호선＿＿＿＿＿ 타세요. 그리고 을지로3가 역에서 3호선＿＿＿＿＿ 갈아타세요.

＿＿＿ 안국 역＿＿＿＿＿ 내리세요.

❸ 앤디 씨 집＿＿＿＿＿ 버스 정류장에서 가까워요.

❹ 신촌＿＿＿＿＿ 명동＿＿＿＿＿ 버스로 30분쯤 걸려요.

❺ 부산에 버스＿＿＿＿＿ KTX로 가요.

2. 문장을 완성하세요.
Complete the sentences.

❶ 방학 때 친구가 한국에 와요. 그래서 ＿＿＿＿＿＿＿＿＿＿＿＿＿＿＿＿
＿＿＿＿＿＿＿＿＿＿＿＿＿＿ -(으)ㄹ 거예요

❷ 수업이 끝났어요. 친구하고 ＿＿＿＿＿＿＿＿＿＿＿＿＿＿＿＿＿＿
＿＿＿＿＿＿＿＿＿＿＿ -(으)러 가요

❸ 수업 시간에 ＿＿＿＿＿＿＿＿＿＿＿＿＿＿＿＿＿＿＿＿＿＿＿＿＿
＿＿＿＿＿＿＿＿＿ -지 마세요

❹ 한국어 듣기를 잘하고 싶어요? 그럼 ＿＿＿＿＿＿＿＿＿＿＿＿＿＿＿
＿＿＿＿＿＿＿＿＿ -(으)세요

❺ 한국에서 ＿＿＿＿＿＿＿＿＿＿＿＿＿＿＿＿＿＿＿＿＿＿＿＿＿＿＿＿
＿＿＿＿＿＿＿ -고 싶어요

3. 다음 단어를 이용해서 문장을 만들어 보세요.
Using the following words, make appropriate sentences.

❶ 구경하다 _____

❷ 다니다 _____

❸ 자주 _____

❹ 가까워요 _____

❺ 일찍 _____

4. 친구하고 인터뷰를 연습해 보세요. 그리고 자신의 대답을 쓰세요.
Do a mock interview with your classmates and then write your answers.

❶ 언제 한국에 왔어요? 왜 한국에 왔어요? 언제까지 한국에 있을 거예요?

❷ 지금 어디에 살아요? 학교에서 집까지 어떻게 가요? 얼마나 걸려요?

❸ 어디에 여행 가고 싶어요? 거기에서 뭐 하고 싶어요?

❹ 이번 주말에 뭐 할 거예요?

5. 친구하고 서울을 여행해요. 다음 카드를 보고 대화를 쓰세요.

Imagine that you are going sightseeing in Seoul with a friend. Look at the following card and write a conversation about it.

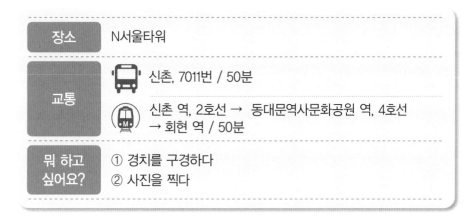

장소	N서울타워
교통	🚌 신촌, 7011번 / 50분
	🚇 신촌 역, 2호선 → 동대문역사문화공원 역, 4호선 → 회현 역 / 50분
뭐 하고 싶어요?	① 경치를 구경하다 ② 사진을 찍다

A : 친구하고 어디에 가고 싶어요?

B : _____

A : _____

B : _____

A : _____

B : _____

A : _____

B : _____

A : _____

B : _____

 틀린 것을 다시 써 보세요.
Rewrite the parts you got wrong.

6. 이번 방학 때 뭐 할 거예요? 친구하고 이야기해 보세요. 그리고 쓰세요. (다음 문법을 사용해 보세요.)

What are you going to do during the summer vacation? Discuss with your classmates and then write about it. (Use the grammatical constructions in the box.)

1	방학이 언제예요?	2	이번 방학 때 어디에 갈 거예요?
3	거기에서 뭐 하고 싶어요?	4	이번 방학 때 또 뭐 할 거예요?

☐ 동-(으)러 가요   ☐ 명(이)나   ☐ 동-(으)ㄹ 거예요
☐ 그리고   ☐ 그래서   ☐ 하지만

이번 방학 때

_____

_____

_____

_____

_____

_____

_____

틀린 것을 다시 써 보세요.
Rewrite the parts you got wrong.

1. 알맞은 것을 고르세요.
Choose the correct answer.

① 저는 학생 (이에요 / 예요 / 있어요).

② 서울은 한국에 (이에요 / 예요 / 있어요).

③ 지금 몇 시(이에요 / 예요 / 있어요)?

④ 앤디 씨가 식당에 (이에요 / 예요 / 있어요).

⑤ 이분이 선생님 (이에요 / 예요 / 있어요).

2. 다음 숫자를 읽으세요. 그리고 쓰세요.
Read the underlined phrases including Sino-Korean numbers, and then write them in Hangeul.

① 교실이 9층에 있어요.　　　→　구 층

② 학교에 740번 버스로 가요.　→

③ 전화번호가 705-8734예요.　→

④ 생일이 10월 9일이에요.　　→

⑤ 모자가 32,500원이에요.　　→

3. 다음 숫자를 읽으세요. 그리고 쓰세요.
Read the underlined phrases including pure Korean numbers, and then write them in Hangeul.

① 어제 사과를 3개 샀어요.　　→　세 개

② 우리 반에 학생이 14명 있어요. →

③ 어젯밤에 5시간 공부했어요.　→

④ 저는 2달 전에 한국에 왔어요.　→

⑤ 1시에 수업이 끝나요.　　　　→

4. 다음 시간을 읽으세요. 그리고 쓰세요.
Read the following times and write them in Hangeul.

① 1 : 15   한 시 십오 분이에요.

② 2 : 30   _____

③ 4 : 17   _____

④ 7 : 42   _____

⑤ 8 : 59   _____

5. 여기가 어디예요? 쓰세요.
Where is this place? Write the answer.

① 여기에서 책을 사요. ··· (서점)

② 여기에서 비자를 받아요. ·· (   )

③ 아파요. 그럼 여기에 가요. 그리고 여기에서 의사를 만나요. ············ (   )

④ 돈이 없어요. 그럼 여기에서 돈을 찾아요. ······························· (   )

⑤ 여기에서 물을 사요. 그리고 과자나 라면도 사요. ···················· (   )

6. 여기에서 뭐 해요? 쓰세요.
What do you do here? Write the answer.

① 앤디 씨가 지금 회사에 있어요. 회사에서 일해요.

② 앤디 씨가 수업 후에 보통 식당에 있어요. 식당에서 _____

③ 앤디 씨가 지금 도서관에 있어요. 도서관에서 _____

④ 앤디 씨가 어제 영화관에 갔어요. 영화관에서 _____

⑤ 앤디 씨가 내일 운동장에 갈 거예요. 운동장에서 _____

7. 물건이 어디에 있어요? 친구하고 이야기해 보세요. 그리고 쓰세요.

Where are these objects? Discuss with your classmates and write the answers.

❶ 컵이 책상 　위　 에 있어요.

❷ 시계가 책상 .... 에 있어요.

❸ 공이 책상 .... 에 있어요.

❹ 가방이 책상 .... 에 있어요.

❺ 우산이 책상 .... 에 있어요.

❻ 책이 컵 .... 시계 .... 에 있어요.

❼ 나무가 창문 .... 에 있어요.

❽ 그림이 창문 .... 에 있어요.

❾ 핸드폰이 서랍 .... 에 있어요.

❿ 책상이 가방 .... 에 있어요.

그림

서랍

공

☐ 위	☐ 아래	☐ 앞	☐ 뒤
☐ 옆	☐ 안	☐ 밖	☐ 오른쪽
☐ 왼쪽	☐ -하고 - 사이		

---

8. 다음 표를 완성하세요.

Complete the following table.

	동-아/어요	동-았/었어요	동-(으)ㄹ 거예요
운동하다			
찾다			
살다			
만나다			
보다			
읽다			
빌리다			
배우다			
쓰다			
듣다			

9. '그리고', '그래서', '하지만', '왜냐하면'을 쓰세요.
Write '그리고', '그래서', '하지만', or '왜냐하면'.

❶ 앤디 씨가 책을 빌리러 도서관에 갔어요. [그리고] 교실에 갔어요.

❷ 수잔 씨가 지난주에 이사했어요. _____ 어제 집에 친구들을 초대했어요.

❸ 수잔 씨는 피곤했어요. _____ 기분이 아주 좋았어요.

❹ 투안 씨가 휴게실에서 친구들을 만나요. _____ 이야기해요.

❺ 렌핑 씨가 오늘 오후에 공항에 가요. _____ 친구가 한국에 와요.

10. 질문을 만들어 보세요.
Make questions.

❶ 뭐 : [이름이 뭐예요?]

❷ 어느 : _____

❸ 무슨 : _____

❹ 어디 : _____

❺ 얼마 : _____

❻ 얼마나 : _____

❼ 며칠 : _____

❽ 몇 : _____

❾ 어떻게 : _____

❿ 왜 : _____

11. 지금까지 써 본 쓰기 주제를 다시 한번 확인해 보세요.
Review the writing topics covered so far.

1	여러분의 집이나 방에 대해 써 보세요.
2	여러분의 하루 스케줄을 써 보세요.
3	지난 주말에 뭐 했는지 써 보세요.
4	이번 주말 계획을 써 보세요.

부록 Appendix

한글 퀴즈

잘 들으세요. 그리고 받아 쓰세요.
Listen carefully and write down.

퀴즈 한글1

❶
❷
❸
❹
❺

❻
❼
❽
❾
❿

퀴즈 한글2

❶
❷
❸
❹
❺

❻
❼
❽
❾
❿

퀴즈 한글3

❶
❷
❸
❹
❺

❻
❼
❽
❾
❿

퀴즈 한글4

❶
❷
❸
❹
❺

❻
❼
❽
❾
❿

학교 기숙사예요. 우리 반 친구의 이름을 쓰세요. 그리고 이야기를 만들어 보세요.
This is the school dormitory. Write the name of one of your classmates and make up a story about them.

공부하다
(아침, 점심, 저녁) 식사하다
운동하다
게임하다
(영화, 유튜브, 드라마)을/를 보다
(밥, 라면, 햄버거)을/를 먹다
(테니스, 요리, 춤을)을/를 가르치다
(테니스, 요리, 춤을)을/를 배우다

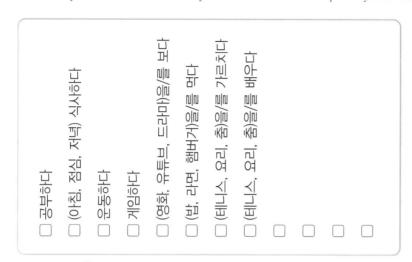

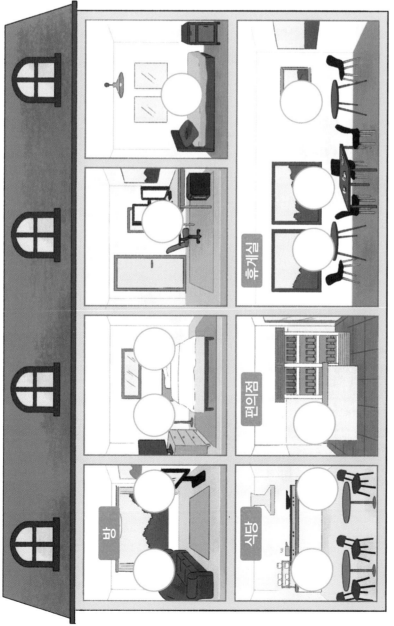

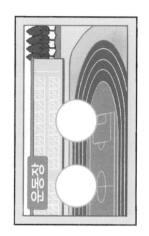

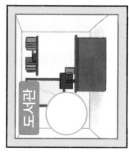

정답 Answer Key

한글1   p.14-18

5. ❶ 나 ❷ 머 ❸ 이 ❹ 로
❺ 누 ❻ 모 ❼ 오 ❽ 누
❾ 러 ❿ 므 ⓫ 나 ⓬ 리

한글2   p.19-24

6. ❶ 야 ❷ 여 ❸ 요 ❹ 유
❺ 의 ❻ 도 ❼ 구 ❽ 저
❾ 비 ❿ 사 ⓫ 산 ⓬ 강
⓭ 봄 ⓮ 달 ⓯ 명

한글3   p.25-30

6. ❶ 파 ❷ 초 ❸ 투 ❹ 크
❺ 해 ❻ 독 ❼ 합 ❽ 칠
❾ 입 ❿ 콩

7. ❶ 사탕 ❷ 휴지
❸ 학교 ❹ 교통카드
❺ 지하철 ❻ 배드민턴

한글4   p.31-36

5. ❶ 부엌 ❷ 꽃 ❸ 무릎 ❹ 팥빙수

6. ❶ 까 ❷ 써 ❸ 쪼 ❹ 뚜
❺ 뼈 ❻ 워 ❼ 쥐 ❽ 쌀
❾ 꿈 ❿ 땅

7. ❶ 가위 ❷ 딸기
❸ 사과 ❹ 빨대
❺ 토끼 ❻ 병원

준비1   p.37-40

1. ❶ 앤디예요. 미국 사람이에요.
❷ 바야르예요. 몽골 사람이에요.
❸ 투안이에요. 베트남 사람이에요.
❹ 렌펑이에요. 중국 사람이에요.
❺ 완이에요. 태국 사람이에요.
❻ 미나예요. 한국 사람이에요.

❼ 한스예요. 독일 사람이에요.
❽ 하루카예요. 일본 사람이에요.
❾ 사라예요. 프랑스 사람이에요.
❿ 가브리엘이에요. 브라질 사람이에요.

2. ❶ 학생이에요. ❷ 선생님이에요.
❸ 회사원이에요. ❹ 의사예요.
❺ 간호사예요. ❻ 요리사예요.
❼ 가수예요. ❽ 배우예요.
❾ 작가예요. ❿ 패션 디자이너예요.
⓫ 군인이에요. ⓬ 경찰이에요.

준비2   p.41-44

1. ❶ 책이에요. ❷ 공책이에요.
❸ 필통이에요. ❹ 연필이에요.
❺ 샤프예요. ❻ 볼펜이에요.
❼ 지우개예요. ❽ 수정 테이프예요.
❾ 가위예요. ❿ 가방이에요.
⓫ 우산이에요. ⓬ 달력이에요.
⓭ 책상이에요. ⓮ 의자예요.
⓯ 시계예요.

2. ❶ 텔레비전이에요. ❷ 노트북이에요.
❸ 충전기예요. ❹ 핸드폰이에요.
❺ 비누예요. ❻ 거울이에요.
❼ 휴지예요. ❽ 수건이에요.
❾ 치약이에요. ❿ 칫솔이에요.
⓫ 컵이에요. ⓬ 접시예요.
⓭ 젓가락이에요. ⓮ 숟가락이에요.

🏃도전

교실	책, 책상, 의자, 컴퓨터, 텔레비전, 에어컨, 시계, 가방, 공책, 필통, 연필, 볼펜, 지우개, 가위, 수정 테이프 …
방	침대, 책상, 의자, 옷장, 책장, 노트북, 충전기 …
부엌	컵, 접시, 숟가락, 젓가락, 냉장고 …
화장실	휴지, 거울, 수건, 치약, 칫솔 …

준비3 p.45-48

1. ❶ 컴퓨터 있어요.　　❷ 안경 있어요.
❸ 텔레비전 있어요.　　❹ 여권 있어요.
❺ 노트북 없어요.　　❻ 선글라스 없어요.
❼ 에어컨 없어요.　　❽ 교통카드 없어요.

2. ❶ 우산 없어요.　　❷ 거울 있어요.
❸ 지우개 있어요.　　❹ 충전기 없어요.
❺ 교통카드 있어요.　　❻ 우산 있어요.
❼ 거울 없어요.　　❽ 지우개 없어요.
❾ 충전기 있어요.　　❿ 교통카드 없어요.

3.

1	2	3	4	5
일	이	삼	사	오
6	7	8	9	10
육	칠	팔	구	십
11	12	13	14	15
십일	십이	십삼	십사	십오
16	17	18	19	20
십육	십칠	십팔	십구	이십
30	40	50	60	70
삼십	사십	오십	육십	칠십
80	90	100	200	300
팔십	구십	백	이백	삼백

4. ❶ 일오팔팔에 이공공일이에요.
❷ 공이에 칠공오에 팔공팔팔이에요.
❸ 공삼삼에 칠삼팔에 삼공공공이에요.
❹ 공일공에 사구사팔에 일이팔칠이에요.
❺ 공일공에 이칠일칠에 삼팔사삼이에요.
❻ 공일공에 구육사구에 일오공사예요.

5.

1월	2월	3월	4월	5월	6월
일월	이월	삼월	사월	오월	유월
7월	8월	9월	10월	11월	12월
칠월	팔월	구월	시월	십일월	십이월

6. ❶ 4월 30일　　❷ 6월 1일
❸ 12월 10일　　❹ 11월 12일
❺ 10월 8일　　❻ 5월 3일
❼ 7월 31일　　❽ 1월 21일
❾ 8월 16일　　❿ 3월 14일

준비4 p.49-52

1. ❶ 커피　　❷ 물
❸ 오렌지 주스　　❹ 레몬차
❺ 녹차　　❻ 된장찌개
❼ 김치찌개　　❽ 비빔밥
❾ 냉면　　❿ 삼계탕

2. ❶ 하나　　❷ 둘
❸ 셋　　❹ 넷
❺ 다섯　　❻ 여섯
❼ 일곱　　❽ 여덟
❾ 아홉　　❿ 열

3. ❶ 하나 → 한 개　　❷ 둘 → 두 개
❸ 셋 → 세 개　　❹ 넷 → 네 개
❺ 다섯 → 다섯 개

5. ❶ A : 가방 있어요?　　❷ A : 친구 있어요?
　　B : 네, 있어요.　　　　B : 네, 있어요.
　　A : 몇 개 있어요?　　　A : 몇 명 있어요?
　　B : 한 개 있어요.　　　B : 세 명 있어요.

❸ A : 책 있어요?　　❹ A : 종이 있어요?
　　B : 네, 있어요.　　　　B : 네, 있어요.
　　A : 몇 권 있어요?　　　A : 몇 장 있어요?
　　B : 네 권 있어요.　　　B : 여섯 장 있어요.

6. ❶ 십 원　　❷ 오십 원
❸ 백 원　　❹ 오백 원
❺ 천 원　　❻ 오천 원
❼ 만 원　　❽ 오만 원

7. ❶ 사천오백 원이에요.
❷ 오천칠백 원이에요.
❸ 이천사백 원이에요.
❹ 만 칠천 원이에요.
❺ 육천삼백 원이에요.
❻ 칠천팔백 원이에요.
❼ 육천사백오십 원이에요.
❽ 사천구백 원이에요.
❾ 만 오천이백육십 원이에요.

1. ① 2,800　　　　　② 3,000
　③ 4,300　　　　　④ 4,000
　⑤ 5,000　　　　　⑥ 2,500
　⑦ 9,000　　　　　⑧ 10,000
　⑨ 12,000　　　　⑩ 15,000

1-①   p.53-57

1. ① 학교예요.　　　　② 교실이에요.
　③ 도서관이에요.　　④ 카페예요.
　⑤ 편의점이에요.　　⑥ 식당이에요.
　⑦ 회사예요.　　　　⑧ 영화관이에요.
　⑨ 서점이에요.　　　⑩ 은행이에요.
　⑪ 대사관이에요.　　⑫ 우체국이에요.

2. ① 앤디 씨가 서강대학교에 있어요.
　② 하루카 씨가 편의점에 있어요.
　③ 렌핑 씨가 카페에 있어요.
　④ 한스 씨가 식당에 있어요.
　⑤ 수잔 씨가 은행에 있어요.
　⑥ 사라 씨가 서점에 있어요.
　⑦ 완 씨가 지하철역에 있어요.
　⑧ 가브리엘 씨가 마트에 있어요.

3. ① 노트북이 책상 위에 있어요.
　② 가방이 책상 아래에 있어요.
　③ 의자가 책상 앞에 있어요.
　④ 미나 씨가 앤디 씨 뒤에 있어요.
　⑤ 카페가 편의점 오른쪽/옆에 있어요.
　⑥ 포크가 접시 왼쪽/옆에 있어요.
　⑦ 컵이 접시 오른쪽/옆에 있어요.
　⑧ 노트북이 가방 안에 있어요.
　⑨ 쓰레기통이 교실 밖에 있어요.
　⑩ 식당이 서점하고 은행 사이에 있어요.
　　/ 식당이 은행하고 서점 사이에 있어요.

4. ① 가방이 의자 위에 있어요.
　② 노트북이 탁자 위에 있어요.
　　/ 노트북이 핸드폰하고 컵 사이에 있어요.
　　/ 노트북이 컵하고 핸드폰 사이에 있어요.
　③ 리모컨이 소파 위에 있어요.
　④ 에어컨이 텔레비전 왼쪽에 있어요.
　　/ 에어컨이 텔레비전 옆에 있어요.

　　/ 에어컨이 의자 뒤에 있어요.
　⑤ 책이 탁자 아래에 있어요.
　　/ 책이 가방 안에 있어요.
　⑥ 충전기가 텔레비전 앞에 있어요.
　　/ 충전기가 TV장 위에 있어요.
　⑦ 컵이 탁자 위에 있어요.
　　/ 컵이 노트북 오른쪽에 있어요.
　　/ 컵이 노트북 옆에 있어요.
　⑧ 핸드폰이 탁자 위에 있어요.
　　/ 핸드폰이 노트북 왼쪽에 있어요.
　　/ 핸드폰이 노트북 옆에 있어요.

2. 예

> 　제 방이에요. 방에 책상, 책장, 침대, 옷장, 텔레비전이 있어요.
> 　책상이 방 오른쪽에 있어요. 책상 앞에 의자가 있어요. 책상 위에 책, 노트북, 스탠드가 있어요. 책이 책상 왼쪽에, 스탠드가 책상 오른쪽에 있어요. 노트북은 책하고 스탠드 사이에 있어요. 책장이 의자 오른쪽에 있어요.
> 　방 왼쪽에 침대가 있어요. 침대 옆에 창문이 있어요. 창문 왼쪽에 거울이 있어요. 문 왼쪽에 텔레비전이 있어요. 텔레비전 왼쪽에 옷장이 있어요.

1-②   p.58-61

1.

2. ❶ 한국어 교실이 A빌딩에 있어요.

❷ A빌딩이 체육관 옆/테니스장 뒤에 있어요.

❸ A빌딩에 은행, 스터디 카페, 한국어 교실이 있어요.

❹ 은행이 A빌딩 1층에 있어요.

❺ 스터디 카페가 A빌딩 3층에 있어요.

❻ 학생 식당이 B빌딩에 있어요.

❼ B빌딩이 테니스장 옆/체육관 앞에 있어요.

❽ B빌딩에 편의점, 학생 식당, 카페가 있어요.

❾ 편의점이 B빌딩 1층에 있어요.

❿ 카페가 B빌딩 2층에 있어요.

3. 예

A빌딩

서강대학교에 A빌딩이 있어요. A빌딩이 체육관 옆에 있어요. A빌딩에 은행, 스터디 카페, 한국어 교실이 있어요.

은행이 A빌딩 1층에 있어요. 스터디 카페가 A빌딩 3층에 있어요. 한국어 교실이 A빌딩 8층에 있어요.

B빌딩

서강대학교에 B빌딩이 있어요. B빌딩이 테니스장 옆에 있어요. B빌딩에 학생 식당, 편의점, 카페가 있어요.

학생 식당, 편의점이 B빌딩 1층에 있어요. 카페가 B빌딩 2층에 있어요.

4. 예

여기는 제 한국어 교실이에요. 한국어 교실이 A빌딩 3층에 있어요. A빌딩에 은행, 카페가 있어요. A빌딩 1층에는 은행, 2층에는 카페가 있어요.

A빌딩 근처에 편의점, 식당, 우체국이 있어요. 편의점이 A빌딩 앞에 있어요. 식당이 A빌딩 오른쪽에 있어요. 우체국이 편의점 왼쪽에 있어요.

2-①   p.62-66

1. ❶ 두 시 십오 분이에요.

❷ 한 시 이십구 분이에요.

❸ 세 시 사십 분이에요.

❹ 다섯 시 이십일 분이에요.

❺ 여섯 시 삼십 분/반이에요.

❻ 일곱 시 사십삼 분이에요.

❼ 여덟 시 칠 분이에요.

❽ 아홉 시예요.

❾ 열 시 십이 분이에요.

❿ 열한 시 오십 분이에요.

⓫ 열두 시 오십오 분이에요.

⓬ 여덟 시 삼십 분/반이에요.

2. ❶ 앤디 씨가 오전 8시 30분에 학교에 가요.

❷ 앤디 씨가 오전 8시 45분에 카페에 가요.

❸ 앤디 씨가 오전 10시 50분에 편의점에 가요.

❹ 앤디 씨가 오후 1시에 식당에 가요.

❺ 앤디 씨가 오후 3시 30분에 우체국에 가요.

❻ 앤디 씨가 오후 4시에 도서관에 가요.

❼ 앤디 씨가 오후 7시 20분에 영화관에 가요.

❽ 앤디 씨가 오후 10시에 집에 가요.

3. ❶ 공부해요.   ❷ 일해요.

❸ 요리해요.   ❹ 점심 식사해요.

❺ 저녁 식사해요.   ❻ 이야기해요.

❼ 전화해요.   ❽ 운동해요.

❾ 쇼핑해요.   ❿ 숙제해요.

⓫ 세수해요.   ⓬ 샤워해요.

⓭ 게임해요.   ⓮ 일어나요.

⓯ 자요.

4. ❶ 앤디 씨가 자요.

❷ 완 씨가 세수해요.

❸ 렌핑 씨가 요리해요.

❹ 미나 씨가 식사해요.

❺ 하루카 씨가 이야기해요.

❻ 투안 씨가 운동해요.

❼ 가브리엘 씨가 게임해요.

❽ 한스 씨가 화장실에 가요.

2. 예

지금 태국 방콕은 오후 5시예요. 아버지는 지금 공원에 있어요. 운동해요. 공원에 사람이 많아요. 어머니는 회사에 있어요. 일해요.

저는 지금 한국에 있어요. 지금 한국은 오후 7시예요. 저는 집에 있어요. 저녁 식사해요.

2-②   p.67-71

1. A. ❶ 일어나요, 오전 7시 30분에 일어나요.

❸ 9시, 9시에 한국어 공부해요.

❺ 도서관, 3시에 도서관에 가요.

❼ 편의점, 5시에 편의점에 가요.

⑨ 요리해요, 8시에 요리해요.

B. ② 학교, 8시 30분에 학교에 가요.

　④ 점심 식사해요, 오후 1시에 점심 식사해요.

　⑥ 4시, 4시에 숙제해요.

　⑧ 집, 7시에 집에 가요.

　⑩ 자요, 밤 10시에 자요.

2. ① A : 앤디 씨는 보통 몇 시에 일어나요?

　　 B : 오전 7시에 일어나요.

　② A : 앤디 씨는 보통 몇 시에 학교에 가요?

　　 B : 8시에 학교에 가요.

　③ A : 앤디 씨는 9시에 뭐 해요?

　　 B : 공부해요.

　④ A : 한국어 수업이 몇 시에 끝나요?

　　 B : 오후 1시에 끝나요.

　⑤ A : 앤디 씨는 1시 30분/반에 뭐 해요?

　　 B : 친구하고 점심 식사해요.

　⑥ A : 앤디 씨는 보통 몇 시에 집에 가요?

　　 B : 6시 30분에 집에 가요.

　⑦ A : 앤디 씨는 보통 몇 시에 자요?

　　 B : 11시에 자요.

4. 예

> 제 하루 스케줄이에요. 저는 보통 오전 7시에 일어나요. 8시에 학교에 가요. 9시에 한국어 공부해요. 오후 1시에 한국어 수업이 끝나요. 보통 1시 반에 친구하고 점심 식사해요. 3시에 한국어 숙제해요. 5시에 운동해요. 보통 6시 30분에 집에 가요. 7시에 혼자 저녁 식사해요. 11시에 자요.

3-①　　　　　　　　　　　　　　p.72-76

1. ① ○○ 씨가 사과를 좋아해요.

　　○○ 씨가 수박을 좋아해요.

　② ○○ 씨가 맥주를 좋아해요.

　　○○ 씨가 와인을 좋아해요.

　③ ○○ 씨가 요리를 좋아해요.

　　○○ 씨가 여행을 좋아해요.

　④ ○○ 씨가 마트를 좋아해요.

　　○○ 씨가 편의점을 좋아해요.

2. ① 숙제를 해요.　　　② 비자를 받아요.

　③ 영화를 봐요.　　　④ 밥을 먹어요.

　⑤ 음악을 들어요.

3. ① 비자를 받아요.　　② 친구를 만나요.

　③ 옷을 사요.　　　　④ 영화를 봐요.

　⑤ 밥을 먹어요.　　　⑥ 책을 읽어요.

　⑦ 영어를 가르쳐요.　⑧ 커피를 마셔요.

　⑨ 책을 빌려요.　　　⑩ 테니스를 배워요.

　⑪ 춤을 춰요.　　　　⑫ 음악을 들어요.

4. ① 도서관에서 한국어를 공부해요.

　② 카페에서 친구를 만나요.

　③ 영화관에서 영화를 봐요.

　④ 백화점에서 옷을 사요.

　⑤ 집에서 음악을 들어요.

5. ① 앤디 씨가 집에서 게임을 해요.

　② 하루카 씨가 식당에서 밥을 먹어요.

　③ 렌핑 씨가 도서관에서 책을 읽어요.

　④ 사라 씨가 카페에서 커피를 마셔요.

6. ① 월요일부터 금요일까지 한국어 수업이 있어요.

　② 오전 9시부터 오후 1시까지 한국어를 배워요.

　③ 월요일, 수요일, 금요일에 회사에 가요.

　④ 2시부터 6시까지 회사에서 일해요.

　⑤ 화요일, 목요일에 테니스장에서 테니스를 배워요.

　⑥ 금요일 저녁 7시에 카페에서 친구를 만나요.

　⑦ 토요일 오전에 친구하고 등산해요.

　　오후에 식당에서 한국 음식을 먹어요.

　⑧ 일요일에 집에 있어요.

2. 예

> 제 일주일 스케줄이에요. 저는 월요일부터 금요일까지 한국어 수업이 있어요. 오전 9시부터 오후 1시까지 한국어를 배워요. 월요일, 수요일, 금요일에 회사에 가요. 오후 2시부터 6시까지 회사에서 일해요. 화요일, 목요일에 테니스장에 가요. 오후 7시에 테니스장에서 테니스를 배워요. 금요일 저녁 7시에 카페에서 친구를 만나요. 토요일 오전에 친구하고 등산해요. 그리고 오후에 식당에서 한국 음식을 먹어요. 저는 한국 음식을 아주 좋아해요. 일요일에 집에 있어요. 집에서 쉬어요. 드라마를 봐요. 그리고 음악을 들어요.

3-② p.77-81

1. ❶ 앤디 씨가 오후 1시에 식당에 가요.

❷ 투안 씨가 수업 후에 도서관에 가요.

❸ 렌핑 씨가 월요일에 체육관에서 태권도를 배워요.

❹ 바야르 씨가 수요일에 백화점에서 쇼핑을 해요.

❺ 한스 씨가 오전 7시에 테니스장에서 테니스를 쳐요.

❻ 사라 씨가 오늘 저녁 6시에 영화관에서 영화를 봐요.

2. ❶ 앤디 씨가 1시에 학생 식당에서 라면을 먹어요.

❷ 바야르 씨가 매일 편의점에서 과자를 사요.

❸ 수잔 씨가 금요일에 테니스장에서 테니스를 쳐요.

❹ 완 씨가 내일 교실에서 한국어를 공부해요.

❺ 가브리엘 씨가 오전 8시에 카페에서 커피를 마셔요.

❻ 한스 씨가 오늘 체육관에서 운동을 해요.

3. ❶ 한국어 수업이 없어요.

❷ 학생들이 기숙사에 있어요.

❸ 1층에 식당, 편의점, 휴게실이 있어요.

❹ 휴게실에서 가브리엘 씨, 수잔 씨가 게임을 해요. 렌핑 씨가 게임을 봐요. 사라 씨가 책을 읽어요. 바야르 씨가 물을 마셔요.

❺ 방이 2층에 있어요.

❻ 완 씨가 하루카 씨하고 방에서 드라마를 봐요.

❼ 한스 씨가 방에서 자요.

❽ 투안 씨가 도서관에서 책을 빌려요.

❾ 앤디 씨가 공원에서 미나 씨하고 산책해요. 그리고 이야기해요.

❿ 학생들이 저녁 6시에 식당에서 식사해요.

4. 예

> 오늘은 일요일이에요. 한국어 수업이 없어요. 학생들이 기숙사에 있어요. 기숙사 1층에 식당, 편의점, 휴게실이 있어요. 휴게실에 학생들이 있어요. 가브리엘 씨, 수잔 씨가 휴게실에서 게임을 해요. 렌핑 씨가 게임을 봐요. 사라 씨는 책을 읽어요. 바야르 씨도 휴게실에 있어요. 물을 마셔요.
>
> 기숙사에 방이 많아요. 방이 2층에 있어요. 한스 씨가 방에 있어요. 지금 자요. 아주 피곤해요. 완 씨는 하루카 씨하고 방에서 드라마를 봐요. 두 사람은 드라마를 아주 좋아해요. 투안 씨는 도서관에 있어요. 도서관이 기숙사 앞에 있어요. 거기에서 책을 빌려요. 앤디 씨는 공원에 있어요. 공원에서 미나 씨를 만나요. 미나 씨하고 산책해요. 그리고 이야기해요. 저녁 6시에 모두 다 같이 1층 식당에서 식사해요. 한국 음식을 먹어요.

4-① p.82-86

2.

하다		
공부하다	공부해요	공부했어요
운동하다	운동해요	운동했어요
식사하다	식사해요	식사했어요
좋아하다	좋아해요	좋아했어요
조용하다	조용해요	조용했어요
피곤하다	피곤해요	피곤했어요

ㅏ ㅗ		
받다	받아요	받았어요
많다	많아요	많았어요
좋다	좋아요	좋았어요
일어나다	일어나요	일어났어요
만나다	만나요	만났어요
보다	봐요	봤어요

ㅓ ㅣ ㅜ		
먹다	먹어요	먹었어요
읽다	읽어요	읽었어요
있다	있어요	있었어요
없다	없어요	없었어요
마시다	마셔요	마셨어요
가르치다	가르쳐요	가르쳤어요
배우다	배워요	배웠어요
추다	춰요	췄어요

ㄷ		
듣다✱	들어요	들었어요
걷다✱	걸어요	걸었어요

ㅡ		
쓰다✱	써요	썼어요
예쁘다✱	예뻐요	예뻤어요
아프다✱	아파요	아팠어요
바쁘다✱	바빠요	바빴어요

3. ❶ 비빔밥을 안 먹어요. 김밥을 먹어요.

❷ 테니스를 안 배워요. 요가를 배워요.

❸ 요리 안 해요. 운동해요.

❹ 책을 안 샀어요. 옷을 샀어요.

❺ 영화를 안 봤어요. 테니스를 쳤어요.

❻ 일 안 했어요. 요리했어요.

4. ① 공부했어요. 그리고 요리도 했어요.

② 친구를 만났어요. 그리고 운동도 했어요.

③ 게임을 했어요. 그리고 영화도 봤어요.

④ 밥을 먹었어요. 그리고 커피도 마셨어요.

⑤ 책을 읽었어요. 그리고 테니스도 쳤어요.

⑥ 춤을 췄어요. 그리고 음악도 들었어요.

5. ① 어제 집에 친구들을 초대했어요.

② 이야기도 많이 했어요.

③ 노래했어요. 음악을 들었어요. 그리고 춤도 췄어요.

④ 기분이 아주 좋았어요.

6. 예

① 사과를 먹었어요. 그리고 차를 마셨어요.

② 7시에 일어났어요. 그다음에 세수했어요.

③ 내일 시험이 있어요. 그래서 친구하고 공부해요.

④ 과일이 맛있어요. 하지만 비싸요.

7. 예

① 일본에서 왔어요.

② 지난달에 한국에 왔어요.

③ 지난달에 한국어 공부를 시작했어요.

④ 서강대학교에서 한국어 공부를 시작했어요.

⑤ 오전 7시에 일어났어요. 그다음에 세수했어요.

⑥ 아침에 빵을 먹었어요. 하지만 과일을 안 먹었어요.

⑦ 오늘 8시 50분에 왔어요.

⑧ 친구하고 이야기했어요. 그리고 화장실에 갔어요.

4-②　　　　　　　　　　　　p.87-89

1. ① 요리했어요.　　　② 설거지했어요.

③ 청소했어요.　　　④ 책상 정리를 했어요.

⑤ 빨래했어요.　　　⑥ 다리미질했어요.

2. 예

① 지난주 일요일에 7시에 일어났어요.

② 세수했어요. 아침 식사를 했어요.

③ 빵을 먹었어요. 그리고 우유도 마셨어요.

④ 친구하고 약속이 있었어요.

⑤ 12시에 신촌 역에서 친구를 만났어요.

⑥ 약속 장소에 사람이 많았어요.

⑦ 10분 동안 친구를 기다렸어요.

⑧ 식당에 갔어요. 거기에서 한국 음식을 먹었어요.

⑨ 영화관에 갔어요. 한국 영화를 봤어요.

⑩ 저녁 7시에 집에 갔어요. 아주 피곤했어요.

3. 예

저는 지난주 일요일에 아주 바빴어요. 7시에 일어났어요. 세수했어요. 그다음에 아침 식사를 했어요. 빵을 먹었어요. 그리고 우유도 마셨어요.

12시에 친구하고 약속이 있었어요. 저는 11시 50분에 약속 장소에 갔어요. 약속 장소가 신촌 역이었어요. 저는 친구를 10분 동안 기다렸어요. 친구가 12시에 왔어요. 친구하고 같이 식당에 갔어요. 한국 음식을 먹었어요. 그다음에 영화관에 갔어요. 영화관이 식당 근처에 있었어요. 한국 영화를 봤어요. 아주 재미있었어요.

저녁 7시에 집에 갔어요. 아주 피곤했어요. 밤 10시에 잤어요.

5-①　　　　　　　　　　　　p.90-94

1. ① 피곤해요. 자고 싶어요.

② 옷이 없어요. 옷을 사고 싶어요.

③ 배가 고파요. 밥을 먹고 싶어요.

④ 목이 말라요. 물을 마시고 싶어요.

⑤ 오늘이 생일이에요. 선물을 받고 싶어요.

⑥ 날씨가 좋아요. 산책하고 싶어요.

⑦ 공부 안 하고 싶어요. 친구하고 놀고 싶어요.

⑧ 피곤해요. 집에서 쉬고 싶어요.

2. ① 한스 씨가 집에 지하철로 가요. 학교에서 집까지 25분쯤 걸려요.

② 앤디 씨가 집에 자전거로 가요. 학교에서 집까지 20분쯤 걸려요.

③ 완 씨가 집에 택시로 가요. 학교에서 집까지 10분쯤 걸려요.

④ 투안 씨가 집에 걸어서 가요. 학교에서 집까지 5분쯤 걸려요.

⑤ 사라 씨가 집에 버스로 가요. 학교에서 집까지 15분쯤 걸려요.

⑥ 수잔 씨가 집에 지하철로 가요. 학교에서 집까지 35분쯤 걸려요.

3. ① 여기 보세요.　　　② 따라 하세요.

③ 이야기하세요.　　　④ 읽으세요.

⑤ 잘 들으세요.　　　⑥ 쓰세요.

4. ① 늦지 마세요.

② 핸드폰을 보지 마세요.

③ 음식을 먹지 마세요.

④ 사진을 찍지 마세요.

⑤ 영어로 이야기하지 마세요.

⑥ 혼자 공부하지 마세요.

1. 예

① 한국 친구하고 이야기를 많이 하세요.

② 한국 드라마를 많이 보세요.

③ 학교에 늦지 마세요.

④ 백화점에 가지 마세요. 시장에 가세요.

⑤ 집에서 요리하세요.

⑥ 쇼핑을 많이 하지 마세요.

⑦ 수업 후에 운동하세요.

⑧ 주말에 푹 쉬세요.

⑨ 일을 많이 하지 마세요.

5-②   p.95-99

1. ① 604번, 30분   ② 5714번, 40분

③ 7613번, 25분   ④ 740번, 50분

⑤ 710번, 35분

2. ① 인사동 : 신촌 역에서 지하철 2호선을 타세요. 그리고 을지로3가 역에서 3호선으로 갈아타세요. 안국 역에서 내리세요.

② 고속버스터미널 : 신촌 역에서 지하철 2호선을 타세요. 그리고 을지로3가 역에서 3호선으로 갈아타세요. 고속터미널 역에서 내리세요.

③ 상암 월드컵경기장 : 신촌 역에서 지하철 2호선을 타세요. 그리고 합정 역에서 6호선으로 갈아타세요. 월드컵경기장 역에서 내리세요.

④ 여의도 한강 공원 : 신촌 역에서 지하철 2호선을 타세요. 그리고 충정로 역에서 5호선으로 갈아타세요. 여의나루 역에서 내리세요.

3. ① 친구하고 북촌 한옥마을에 가고 싶어요.

거기에 버스로 가요. 그럼 신촌에서 272번 버스를 타요. 버스로 45분쯤 걸려요.

거기에 지하철로 가요. 그럼 신촌 역에서 지하철 2호선을 타요. 그리고 을지로3가 역에서 3호선으로 갈아타요. 안국 역에서 내려요. 지하철로 40분쯤 걸려요.

북촌 한옥마을에서 한옥을 구경하고 싶어요. 그리고 한복을 입고 싶어요.

② 친구하고 여의도 한강 공원에 가고 싶어요.

거기에 버스로 가요. 그럼 신촌에서 753번 버스를 타요. 버스로 25분쯤 걸려요.

거기에 지하철로 가요. 그럼 신촌 역에서 지하철 2호선을 타요. 그리고 충정로 역에서 5호선으로 갈아타요. 여의나루 역에서 내려요. 지하철로 30분쯤 걸려요.

여의도 한강 공원에서 산책하고 싶어요. 그리고 자전거를 타고 싶어요.

1. 예

① 부산에 가고 싶어요.

② 한국 드라마에서 부산 바다를 봤어요. 바다가 예뻤어요. 그리고 빌딩이 멋있었어요.

③ 이번 방학 때 가고 싶어요.

④ 우리 반 친구들하고 같이 가고 싶어요.

⑤ 고속버스로 가요. 그럼 고속버스터미널에서 고속버스를 타요. 4시간 30분쯤 걸려요. KTX로 가요. 그럼 서울역에서 KTX를 타요. 3시간 30분쯤 걸려요.

⑥ 바다를 구경하고 싶어요. 수영하고 싶어요. 사진을 찍고 싶어요.

2. 예

> 저는 이번 방학 때 우리 반 친구들하고 부산에 여행을 가고 싶어요. 한국 드라마에서 부산 해운대를 봤어요. 바다가 너무 예뻤어요. 그리고 빌딩도 멋있었어요. 그래서 부산에 가고 싶었어요.
>
> 서울에서 부산까지 조금 멀어요. 거기까지 고속버스나 KTX로 가요. 서울에서 부산까지 고속버스로 가요. 그럼 고속버스터미널에서 고속버스를 타요. 고속버스로 4시간 30분쯤 걸려요. 시간이 많이 걸려요. 그래서 저는 부산까지 KTX로 가요. KTX는 서울역에서 타요. 3시간 30분쯤 걸려요.
>
> 친구하고 부산에서 해운대, 광안리를 구경하고 싶어요. 바다에서 수영을 하고 싶어요. 그리고 사진도 많이 찍고 싶어요.

6-①   p.100-104

1. ① 앤디 씨가 운동하러 공원에 가요.

② 사라 씨가 책을 읽으러 공원에 가요.

③ 한스 씨가 강아지하고 산책하러 공원에 가요.

④ 하루카 씨가 친구를 만나러 공원에 가요.

⑤ 완 씨가 사진을 찍으러 공원에 가요.

⑥ 투안 씨가 낮잠을 자러 공원에 가요.

⑦ 바야르 씨가 샌드위치를 먹으러 공원에 가요.

⑧ 렌펑 씨가 자전거를 타러 공원에 가요.

2. ❶ 공부해요.
　 공부할 거예요.
❷ 운동해요.
　 운동할 거예요.

❸ 비자를 받아요.
　 비자를 받을 거예요.
❹ 옷을 사요.
　 옷을 살 거예요.

❺ 영화를 봐요.
　 영화를 볼 거예요.
❻ 책을 읽어요.
　 책을 읽을 거예요.

❼ 커피를 마셔요.
　 커피를 마실 거예요.
❽ 요가를 배워요.
　 요가를 배울 거예요.

❾ 음악을 들어요.
　 음악을 들을 거예요.
❿ 공원에서 걸어요.
　 공원에서 걸을 거예요.

⓫ 친구하고 놀아요.
　 친구하고 놀 거예요.
⓬ 쿠키를 만들어요.
　 쿠키를 만들 거예요.

3. ❶ 저는 다음 주말에 영화관에 갈 거예요. CGV에 갈 거예요. 한국 영화를 볼 거예요.
❷ 저는 내일 콘서트에 갈 거예요. 콘서트에서 노래할 거예요. 그리고 춤도 출 거예요.
❸ 저는 이번 주 금요일에 파티를 할 거예요. 친구들을 8명 초대할 거예요. 제가 음식을 만들 거예요. 그리고 집을 청소할 거예요.
❹ 저는 내년에 프랑스에 갈 거예요. 친구하고 같이 갈 거예요. 프랑스에서 쇼핑할 거예요. 그리고 사진을 많이 찍을 거예요.

5. ❶ 내일 서점에 갈 거예요.
❷ 2주 후에 비자를 받을 거예요.
❸ 다음 달에 생일 파티를 할 거예요.
❹ 다음 주에 여행을 갈 거예요.
❺ 3일 후에 친구를 만날 거예요.

6. 예
❶ 김밥이나 라면을 먹고 싶어요.
❷ 보통 카페나 영화관에서 친구를 만나요.
❸ 부산에 고속버스나 KTX로 가요.
❹ 수업 후에 도서관이나 카페에 갈 거예요.

6-② p.105-108

1. 예
❶ 돈을 찾으러 은행에 가요.
❷ 돈을 보내러 은행에 가요.
❸ 카드를 만들러 은행에 가요.
❹ 산책하러 공원에 가요.

❺ 자전거를 타러 공원에 가요.
❻ 친구하고 놀러 공원에 가요.
❼ 한국어를 공부하러 한국에 왔어요.
❽ 태권도를 배우러 한국에 왔어요.
❾ 일하러 한국에 왔어요.
❿ 커피를 사러 카페에 갈 거예요.
⓫ 친구를 만나러 카페에 갈 거예요.
⓬ 숙제하러 카페에 갈 거예요.

3. 예
❶ 저는 이번 주말에 아주 바빠요.
❷ 오전에 집을 청소할 거예요. 그리고 오후에 쉴 거예요.
❸ 일요일에 반 친구하고 약속이 있어요.
❹ 시티투어버스를 타러 광화문에 갈 거예요.
❺ 시티투어버스로 한옥마을, N서울타워, 인사동에 갈 거예요.
❻ 한국 음식을 먹고 싶어요.

4. 예

　저는 이번 주말에 아주 바빠요. 토요일에는 집에 있을 거예요. 지난주에 저는 집 청소를 안 했어요. 그래서 토요일 오전에는 집을 청소할 거예요. 그리고 오후에는 쉴 거예요. 집에서 영화나 드라마를 볼 거예요.

　저는 시티투어버스를 타고 싶어요. 일요일에는 반 친구하고 시티투어버스를 타러 광화문에 갈 거예요. 시티투어버스로 한옥마을, N서울타워, 인사동에 갈 거예요. 그리고 저녁에는 학교 근처에서 반 친구하고 저녁도 먹을 거예요. 한국 음식을 먹고 싶어요.

준비 1~4 복습 p.109-112

1. ❶ 한스예요.
　 독일 사람이에요.
　 회사원이에요.
❷ 바야르예요.
　 몽골 사람이에요.
　 가이드예요.
❸ 하루카예요.
　 일본 사람이에요.
　 일본어 선생님이에요.

2. ❶ 책이에요.
❸ 필통이에요.
❷ 지우개예요.
❹ 의자예요.

⑤ 가방이에요.　　　⑥ 노트북이에요.

⑦ 시계예요.　　　　⑧ 달력이에요.

3.

1	2	3	4	5
일 하나	이 둘	삼 셋	사 넷	오 다섯

6	7	8	9	10
육 여섯	칠 일곱	팔 여덟	구 아홉	십 열

4. ❶ 공일공에 구육사구에 일오공사예요.
　　칠월 십오일이에요.
　❷ 공일공에 오구이공에 칠이사오예요.
　　시월 이십팔일이에요.

5. ❶ 사과 세 개　　　❷ 친구 두 명
　❸ 책 다섯 권　　　❹ 종이 여덟 장

6. 예
　❶ 이름이 뭐예요?
　❷ 어느 나라 사람이에요?
　❸ 무슨 일을 하세요?
　❹ 이게 뭐예요?
　❺ 누구 거예요?
　❻ 고마워요.
　❼ 전화번호가 몇 번이에요?
　❽ 생일이 며칠이에요?
　❾ 아메리카노가 얼마예요?
　❿ 빨대 있어요?

7. 예
　❶ 저는 앤디예요.　　　❷ 미국 사람이에요.
　❸ 학생이에요.　　　　❹ 책상이에요.
　❺ 수잔 씨 거예요.　　❻ 아니에요.
　❼ 010-4948-1287이에요.　❽ 7월 15일이에요.
　❾ 3,000원이에요.　　❿ 네, 저기 있어요.

1~2 복습　　　　p.113-116

1. ❶ 의자가 일곱 개 있어요.
　❷ 앤디 씨가 9시에 학교에 가요.
　❸ 카페에 사람이 많아요.
　❹ 책이 책상 위에 있어요.
　❺ 아침 6시에 일어나요.

2. 예
　❶ 학교 앞에 서점이 있어요.
　❷ 학생들이 학교에 가요.
　❸ 오전 9시에 공부해요.
　❹ 길에 자동차가 많아요.
　❺ 서울은 지금 오후 6시예요.

3. 예
　❶ 지금 몇 시예요?
　❷ 여기가 어디예요?
　❸ 앤디 씨가 어디에 있어요?
　❹ 가방이 어디에 있어요?
　❺ 완 씨가 교실에 있어요?
　❻ 어디에 가요?
　❼ 뭐 해요?
　❽ 몇 시에 일어나요?
　❾ 집에 가요?
　❿ 몇 시에 학교에 가요?/8시 30분에 뭐 해요?/8시 30분에
　　어디에 가요?

4. 예
　❶ 집이 신촌에 있어요. 집 근처에 공원, 카페가 있어요.
　❷ 보통 오전 7시에 일어나요. 오전 8시 50분에 학교에 가요.
　　오후 1시 반에 점심 식사해요.
　❸ 가족이 세 명이에요. 가족이 지금 태국에 있어요. 태국은
　　지금 오후 5시예요. 아버지는 지금 운동해요. 어머니는 지
　　금 일해요.

5. 예
　A : 오늘 오후에 공부해요?
　B : 아니요.
　A : 그럼 뭐 해요?
　B : 명동에 가요.
　A : 쇼핑해요?
　B : 네, 쇼핑해요. 앤디 씨는 오늘 오후에 뭐 해요?
　A : 저도 명동에 가요. 쇼핑해요.
　B : 그래요? 누구하고 같이 가요?
　A : 혼자 가요.
　B : 그래요? 그럼 같이 가요.

6. 예

> 여기는 제 집 근처예요. 집 근처에 카페, 마트, 공원, 지하철역, 은행, 편의점, 버스 정류장, 병원이 있어요.
>
> 집 근처에 카페가 있어요. 카페가 집 뒤에 있어요. 카페 왼쪽에 마트가 있어요. 마트 앞에 공원이 있어요. 공원 앞에 지하철역이 있어요. 지하철역 오른쪽에 은행이 있어요. 은행 오른쪽에 편의점이 있어요. 편의점 뒤에 버스 정류장이 있어요. 버스 정류장 뒤에 병원이 있어요.

3~4 복습 p.117-120

1. ❶ 오늘 친구를 만나요.
❷ 오전에 학교에서 한국어를 공부해요.
❸ 월요일부터 금요일까지 아주 바빠요.
❹ 어제 등산했어요. 그래서 다리가 아팠어요.
❺ 파티가 열한 시에 끝났어요.

2. 예
❶ 앤디 씨가 수업 후에 체육관에서 운동해요.
❷ 수잔 씨가 1시에 식당에서 비빔밥을 먹어요.
❸ 하루카 씨가 수요일에 학교에서 일본어를 가르쳐요.
❹ 앤디 씨가 작년에 미국에서 테니스를 배웠어요.
❺ 사라 씨가 어제 집에서 음악을 들었어요.

3. 예
❶ 오후에 체육관에서 운동해요.
❷ 집에 가요.
❸ 아주 피곤했어요.
❹ 용산 역을 알아요.

4. 예
❶ 저는 보통 오전 7시에 일어나요.
❷ 선생님 전화번호를 알아요.
❸ 수업이 1시에 끝나요.
❹ 한국 드라마가 재미있어요.
❺ 9시부터 1시까지 수업이 있어요.

5. 예
❶ 1시에 수업이 끝나요. 보통 수업 후에 친구하고 점심 식사해요.
❷ 매일 학교에서 네 시간 동안 공부해요. 그리고 친구하고 카페에서 한 시간 동안 공부해요.

❸ 오늘 아침에 카페에 갔어요. 그리고 커피를 샀어요. 그다음에 학교에 왔어요. 학교에서 친구하고 이야기했어요.
❹ 지난 주말에 친구하고 공원에 갔어요. 같이 산책했어요. 주말에 공부 안 했어요. 드라마를 안 봤어요.

6. 예
A : 수업이 몇 시에 끝나요?
B : 1시에 끝나요.
A : 수업 후에 뭐 해요?
B : 반 친구하고 같이 식사해요.
A : 어디에서 식사해요?
B : 학생 식당에서 식사해요?
A : 학생 식당 음식이 맛있어요?
B : 네, 맛있어요. A 씨는 어디에서 점심 식사해요?
A : 저는 집에서 식사해요. 집에서 요리해요.
B : 아, 그래요?

7. 예

> 저는 작년에 고등학교를 졸업했어요. 오전에 학교에서 졸업을 축하했어요. 저녁에 학교 친구들하고 식당에서 파티를 했어요. 파티가 저녁 6시에 있었어요. 파티 전에 새 드레스를 입었어요. 5시 50분에 친구하고 같이 파티 장소에 갔어요. 식당이 아주 예뻤어요. 음식이 많았어요. 그리고 와인도 있었어요. 그래서 저는 음식을 많이 먹었어요. 그리고 와인도 마셨어요. 식사가 8시에 끝났어요. 그다음에 친구들하고 같이 노래했어요. 춤을 췄어요. 그리고 이야기도 많이 했어요. 밤 10시에 파티가 끝났어요. 파티가 아주 재미있었어요.

5~6 복습 p.121-124

1. ❶ 학교에 버스로 와요.
❷ 지하철 2호선을 타세요. 그리고 을지로3가 역에서 3호선으로 갈아타세요. 안국 역에서 내리세요.
❸ 앤디 씨 집이 버스 정류장에서 가까워요.
❹ 신촌에서 명동까지 버스로 30분쯤 걸려요.
❺ 부산에 버스나 KTX로 가요.

2. 예
❶ 부산에 여행 갈 거예요.
❷ 식사하러 갈 거예요.
❸ 늦지 마세요.
❹ 한국 음악을 들으세요.

⑤ 일하고 싶어요.

3. 예
① 지난 주말에 백화점에 옷을 구경하러 갔어요.
② 앤디 씨는 지난달부터 학교에 다녀요.
③ 저는 집 근처 카페에 자주 가요.
④ 집이 학교에서 가까워요.
⑤ 오늘 아침에 일찍 일어났어요.

4. 예
① 한 달 전에 한국에 왔어요. 한국어를 배우러 한국에 왔어요. 6월까지 한국에 있을 거예요.
② 지금 신촌 역 근처에 살아요. 학교에서 집까지 걸어서 가요. 15분쯤 걸려요.
③ 부산에 여행 가고 싶어요. 부산에서 바다에 가고 싶어요.
④ 이번 주말에 시험을 준비할 거예요.

5. 예
A : 친구하고 어디에 가고 싶어요?
B : N서울타워에 가고 싶어요.
A : N서울타워에 버스로 어떻게 가요?
B : 신촌에서 7011번 버스를 타요. 50분쯤 걸려요.
A : 그럼 지하철로 어떻게 가요?
B : 신촌 역에서 지하철 2호선을 타요. 그리고 동대문역사문화공원 역에서 4호선으로 갈아타요.
A : 어디에서 내려요?
B : 회현 역에서 내려요. 지하철로 50분쯤 걸려요.
A : N서울타워에서 뭐 하고 싶어요?
B : 경치를 구경하고 싶어요. 그리고 사진을 찍고 싶어요.

6. 예

방학이 이번 주 목요일부터 다음 주 금요일까지예요. 이번 방학 때 저는 아주 바빠요. 친구하고 부산이나 제주도에 여행 갈 거예요. 저는 바다를 보고 싶어요. 그리고 등산도 하고 싶어요. 하지만 친구는 등산을 안 좋아해요. 그래서 혼자 등산할 거예요.
그리고 저는 방학 때 한국 영화를 보러 영화관에 갈 거예요. 저는 한국 영화를 아주 좋아해요. 그래서 이번 방학 때 영화관에서 한국 영화를 보고 싶어요.

복습	p.125-128

1. ① 이에요. ② 있어요.
③ 예요. ④ 있어요.
⑤ 이에요.

2. ① 구 층 ② 칠백사십 번
③ 칠공오에 팔칠삼사 ④ 시월 구일
⑤ 삼만 이천오백 원

3. ① 세 개 ② 열네 명
③ 다섯 시간 ④ 두 달
⑤ 한 시

4. ① 한 시 십오 분이에요.
② 두 시 삼십 분/반이에요.
③ 네 시 십칠 분이에요.
④ 일곱 시 사십 분이에요.
⑤ 여덟 시 오십구 분이에요.

5. ① 서점 ② 대사관
③ 병원 ④ 은행/ATM
⑤ 편의점/마트

6. 예
① 일해요. ② 식사해요.
③ 책을 빌려요. ④ 영화를 봤어요.
⑤ 운동할 거예요.

7. ① 위 ② 위
③ 아래 ④ 앞
⑤ 왼쪽 ⑥ 하고, 사이
⑦ 밖 ⑧ 옆
⑨ 안 ⑩ 뒤

8.

	동-아/어요	동-았/었어요	동-(으)ㄹ 거예요
운동하다	운동해요	운동했어요	운동할 거예요
찾다	찾아요	찾았어요	찾을 거예요
살다	살아요	살았어요	살 거예요
만나다	만나요	만났어요	만날 거예요
보다	봐요	봤어요	볼 거예요
읽다	읽어요	읽었어요	읽을 거예요
빌리다	빌려요	빌렸어요	빌릴 거예요
배우다	배워요	배웠어요	배울 거예요
쓰다	써요	썼어요	쓸 거예요
듣다	들어요	들었어요	들을 거예요

9. ❶ 그리고 ❷ 그래서
   ❸ 하지만 ❹ 그리고
   ❺ 왜냐하면

10. 예
   ❶ 이름이 뭐예요?
   ❷ 어느 나라 사람이에요?
   ❸ 무슨 음식을 좋아해요?
   ❹ 어디에 살아요?
   ❺ 이게 얼마예요?
   ❻ 집에서 학교까지 얼마나 걸려요?
   ❼ 생일이 며칠이에요?
   ❽ 가방이 몇 개 있어요?
   ❾ 학교에 어떻게 가요?
   ❿ 왜 한국어를 배워요?

한글 퀴즈   p.130

퀴즈 한글1

❶ 오리 ❻ 아이
❷ 마루 ❼ 이마
❸ 나무 ❽ 나라
❹ 너무 ❾ 어머니
❺ 아무리 ❿ 어느 나라

퀴즈 한글2

❶ 일 ❻ 자
❷ 삼 ❼ 사
❸ 야구 ❽ 요리
❹ 남자 ❾ 손님
❺ 강아지 ❿ 고양이

퀴즈 한글3

❶ 밥 ❻ 컵
❷ 오후 ❼ 허리
❸ 창문 ❽ 김밥
❹ 한국 ❾ 외국
❺ 지하철 ❿ 비행기

퀴즈 한글4

❶ 빵 ❻ 꿈
❷ 딸기 ❼ 토끼
❸ 날짜 ❽ 날씨
❹ 쉬워요 ❾ 빨간색
❺ 까만색 ❿ 화장실

트랙 TRACK	과 UNIT	내용 CONTENTS	페이지 PAGE
1	한글1	5번	16
2		6번-1	17
3		6번-2	18
4	한글2	6번	22
5		7번-1	23
6		7번-2	24
7	한글3	6번	28
8		7번	28
9		8번-1	29
10		8번-2	30
11	한글4	6번	34
12		7번	34
13		8번-1	35
14		8번-2	36
15	한글 퀴즈	한글1	130
16		한글2	130
17		한글3	130
18		한글4	130

<서강한국어 쓰기 Writing Book (2024)>

집필진 Authors

이석란 Lee Seok-ran

서강대학교 한국어교육원 교수
Professor, KLEC, Sogang University

이화여자대학교 한국학과 한국어교육전공 박사 수료
Ph.D. Candidate in Teaching Korean as a Foreign Language, Ewha Womans University

최연재 Choe Yeon-jae

서강대학교 한국어교육원 대우전임강사
Instructor, KLEC, Sogang University

한국외국어대학교 국어국문학과 한국어교육전공 박사 수료
Ph.D. Candidate in Teaching Korean as a Foreign Language, Hankuk University of Foreign Studies

구은미 Koo Eun-mi

서강대학교 한국어교육원 대우전임강사
Instructor, KLEC, Sogang University

오사카외국어대학 국제언어사회전공 일본어교육 석사
M.A. in Japanese Language Education, Osaka University of Foreign Studies

윤자경 Yun Ja-kyung

서강대학교 한국어교육원 대우전임강사
Instructor, KLEC, Sogang University

서울대학교 국어교육과 한국어교육전공 석사
M.A. in Korean Language Education, Seoul National University

홍고은 Hong Ko-eun

서강대학교 한국어교육원 대우전임강사
Instructor, KLEC, Sogang University

서울대학교 국어교육과 한국어교육전공 박사 수료
Ph.D. Candidate in Korean Language Education, Seoul National University

이진주 Lee Jin-ju

서강대학교 한국어교육원 대우전임강사
Instructor, KLEC, Sogang University

서울대학교 국어교육과 한국어교육전공 석사
M.A. in Korean Language Education, Seoul National University

영문 번역 English Translation

카루쓰 데이빗 David Carruth

전문번역가
Korean-English Translator

존브라운대학교 영어영문학과 학사
B.A. in English Literature, John Brown University

외부 자문 Outside Counsel

남애리 Nam Ae-ree

네덜란드 레이던대학교 한국학과 교수
Lecturer, Korean Studies, Leiden University

위스콘신대학교 제2언어습득 박사
Ph.D. in Second Language Acquisition, University of Wisconsin, Madison

내부 감수 Internal Editor

김정아 Kim Jeong-a

서강대학교 한국어교육원 대우전임강사
Instructor, KLEC, Sogang University

중앙대학교 노어학과 석사
M.A. in Russian Linguistics, Chung-Ang University

교정·교열 Copyediting and Proofreading

최선영 Choi Sun-young

서강대학교 한국어교육원 대우전임강사
Instructor, KLEC, Sogang University

이화여자대학교 한국학과 한국어교육전공 석사
M.A. in Korean Language Education, Ewha Womans University

영문 감수 English Proofreading

강사희 Kang Sa-hie

미국 미들베리칼리지 한국어교육원 원장 겸 교수
Professor of Korean and Director, School of Korean, Middlebury College

플로리다대학교 언어학 박사
Ph.D. in General Linguistics, University of Florida

백승주 Baek Seung-joo

전남대학교 국어국문학과 교수
Professor, Korean Language and Literature, Chonnam National University

연세대학교 국어국문학과 박사
Ph.D. in Korean Language and Literature, Yonsei University

엄혜진 Eom Hye-jin

서강대학교 한국어교육원 대우전임강사
Instructor, KLEC, Sogang University

한양대학교 교육공학 석사
M.A. in Educational Technology, Hanyang University

제작진 Staff

디자인·제작 도서출판 하우
Book Design

일러스트 장명진, 이새, 강정연, 이성우
Illustration

출판에 도움을 주신 분 Special Thanks

소중한 도움을 주신 서강대학교 한국어교육원의 선생님들, 학생들 그리고 행정직원 선생님들께 감사의 마음을 전합니다. 그리고 교재 집필 중에 지원과 격려를 아끼지 않은 가족분들과 친구들에게 감사드립니다.

We would like to thank the following people for their valuable assistance: the teachers, students and administrative staff at the Sogang University Korean Education Language Center. We would also like to thank our family and friends for their support and encouragement during the writing of the textbook.

WRITING BOOK 1A

주소   서울시 마포구 백범로 35 서강대학교 한국어교육원
Tel   (82-2) 713-8005
Fax   (82-2) 701-6692
E-mail jphong@sogang.ac.kr

 서강대학교 한국어교육원
http://klec.sogang.ac.kr
K.L.E.C

 서강한국어 교사 사이트
http://koreanteachers.org
Sogang Korean Teachers

 여름 특별과정(7-8월)
http://koreanimmersion.org
S.K.I.P

세트

ISBN		
979-11-6748-153-5	서강한국어 STUDENT'S BOOK 1A	
979-11-6748-156-6	서강한국어 STUDENT'S BOOK 1A 영어 문법·단어참고서 (비매품)	
979-11-6748-157-3	서강한국어 STUDENT'S BOOK 1A 중국어 문법·단어참고서	
979-11-6748-158-0	서강한국어 STUDENT'S BOOK 1A 일본어 문법·단어참고서	
979-11-6748-159-7	서강한국어 STUDENT'S BOOK 1A 태국어 문법·단어참고서	
979-11-6748-154-2	서강한국어 WORKBOOK 1A	
979-11-6748-155-9	서강한국어 WRITING BOOK 1A	
979-11-6748-160-3	서강한국어 한글	

출판·판매·유통

초판 발행   2024년 8월 22일
펴낸이   박영호
펴낸곳   (주)도서출판 하우
주소   서울시 중랑구 망우로68길 48
Tel   (82-2) 922-7090   Fax   (82-2) 922-7092
홈페이지   http://www.hawoo.co.kr   E-mail hawoo@hawoo.co.kr
등록번호   제2016-000017호